Lars Franke

Friedrichs Sanssouci

und andere Schlossgeschichten

Lars Franke

Friedrichs Sanssouci

und andere Schlossgeschichten

edition federchen
Steffen Verlag

Inhaltsverzeichnis

Übersicht der Orte

Uckermark
Wildenbruch
(Swobnica)
tstock
Templin
Schwedt
(Oder)
Rheinsberg
Angermünde
nitz-Ruppin
Zehdenick
Alt Grimnitz
Neuruppin
Groß Schönebeck
Hubertusstock
am Werbellinsee
Oberhavel
Eberswalde
Barnim
Bad Freienwalde
Oranienburg
Wandlitz
Velten
Bernau
Märkisch-Oderla
Nauen
Berlin-
Niederschönhausen
Strausberg
Falkensee
Berlin-
Spandau
Berlin-
Charlottenburg
Neuenhagen
Küstrin
Petershagen
Berlin-
Glienicke
Berlin-
Grunewald
Berlin-
Friedrichsfelde
Paretz
Potsdam-
Babelsberg
Berlin-Wannsee
Berlin-
Köpenick
Erkner
Potsdam-
Sanssouci
Potsdam
Teltow
Schönefeld
Fürstenwalc
Werder
Zeuthen
Lehnin
Potsdam
Michendorf
Ludwigsfelde
Königs
Wusterhausen
Storkow
Beelitz
Zossen
-Mittelmark
Oder-Spree
Kossenblatt
elzig
Teltow-Fläming
Luckenwalde
Dahme-Spreewald
Juterbog
Lübben
Lübbenau
Luckau
Maßstab 1:3500000
1 cm = 35 km
0
100
200 km
Mercator Projektion
Cottbu
Kolkwitz
Herzberg

Die »Hütten« der Hohenzollern

Vorwort

Ein marodes Land ist besser als gar kein Land. So etwas oder so etwas Ähnliches könnte Friedrich von Hohenzollern durch den Kopf gegangen sein, als ihm Kaiser Sigismund die Mark Brandenburg als Lehen übertrug. Das war Anno 1415 auf dem Konzil zu Konstanz. Aus dem Burggrafen von Nürnberg wurde zwei Jahre später der Kurfürst von Brandenburg.

Kaum irgendwo anders im Heiligen Römischen Reich gab es ein Fürstentum, dass so sehr hinter der neuen Zeit zurückgeblieben war wie das Land um Elbe und Oder, Havel und Spree – politisch, wirtschaftlich, kulturell.

Wer allerdings vermutet hatte, die Herrschaft der Hohenzollern sei nicht mehr als eine Randglosse der Geschichte, der sollte sich gründlich geirrt haben. Ein halbes Jahrtausend mischte das Haus Hohenzollern in Sachen Europa mit. Erst die Revolution von 1918 zog einen Schlussstrich.

Mit Schlössern und Schlösschen haben die Hohenzollern in ihrem einstigen Stammland Berlin-Brandenburg eindrucksvolle Spuren aus Stein hinterlassen. Friedrich der Große und sein Potsdamer Sanssouci sind Kunst- und Geschichtsfreunden in der ganzen Welt bekannt. Dieser Friedrich, der das Königreich am Rande von Europa zur Weltmacht führte, gilt schlechthin als der Bauherr des preußischen Rokoko. Oder da ist sein Vater, der »Soldatenkönig« Friedrich Wilhelm I., belächelt wegen seiner krankhaften Leidenschaft für alles Militärische. Er ist als Kulturbanause in die

Geschichte eingegangen, hat sich aber durchaus um die märkischen Jagdschlösschen verdient gemacht. Erinnert werden soll an König Friedrich Wilhelm IV., ein Pionier des Denkmalschutzes und ein leidenschaftlicher Mittelalter-Verehrer. Zu den bauenden Hohenzollern gehörte Kaiser Wilhelm I. Der Monarch war felsenfest der Auffassung, die Qualität von Entscheidungen hänge davon ab, wo sie getroffen werden. Das war für ihn sein Lieblingsschloss Potsdam-Babelsberg.

Zu zwei Dutzend »Hütten« der Hohenzollern führt das Buch. Im 300. Geburtsjahr von Friedrich dem Großen erzählt es Geschichten über Geschichte. Einen Platz verdient hätten auch die Schlösser Charlottenhof und Cecilienhof in Potsdam oder Sonnenburg in der heute polnischen Neumark. Der Leser sollte aber auch wissen: Vieles hat sich gewiss so wie beschrieben zugetragen. Aber nicht nur einmal wird die Phantasie den vielen Chronisten Pate gestanden haben. Ja, es ist nicht völlig ausgeschlossen, dass mit dieser oder jener Episode versucht wurde – bewusst oder unbewusst – die Historie im Sinne der Herrscherfamilie Hohenzollern »zurechtzubiegen«.

Land und Bund, Städte, Landkreise und Gemeinden, unzählige private Spender und vor allem die Stiftung Preußische Schlösser und Gärten haben dafür gesorgt, dass ein wichtiges Stück »Geschichte zum Anfassen« uns und den kommenden Generationen erhalten bleibt. Ihnen ist dieses Buch gewidmet. Ein Buch, das nicht für den Bücherschrank gedacht ist, sondern für die Hosentasche und als »Gehhilfe« zu den Häusern der Hohenzollern.

Lars Franke

Tafelrunde von Friedrich II. von Preußen (Mitte) in Sanssouci
mit Voltaire (links)

Friedrich II. von Preußen in Sanssouci

Der Philosoph von Sanssouci

Potsdam

Ein spektakuläres Sanssouci-Kapitel der Hohenzollern-Chronik wird im Sommer 1991 geschrieben. Friedrich II. findet am 17. August auf dem Weinberg seine vorerst letzte Ruhestätte. Nur wenige Schritte vom prächtigen Rokoko-Schloss entfernt. Nach 205 Jahren erfüllt sich so ein Vermächtnis des großen Königs: »Ich habe als Philosoph gelebt und will als solcher begraben werden, ohne Pomp und Prunk und ohne die geringsten Zeremonien. Ich will weder geöffnet, noch einbalsamiert werden. Man bestatte mich in Sanssouci auf der Höhe der Terrassen in einer Gruft, die ich mir habe herrichten lassen …«

Diesen Wunsch hatte Friedrichs Nachfolger, Friedrich Wilhelm II., ignoriert. Dieser war offenbar der Auffassung, der Sarg seines Onkels sei in der Potsdamer Garnisonskirche ganz gut aufgehoben. Und so bekam der Alte Fritz in der Gruft einen Platz neben seinem Vater, dem Soldatenkönig. Neben jenem Mann, der Friedrichs Kindheit und Jugend zu einer Hölle auf Erden gemacht hatte, wie es Friedrichs Schwester Wilhelmine über ihre beider Kindheit schrieb. Im Zweiten Weltkrieg wurden die sterblichen Überreste des großen Königs ausgelagert und fanden sich zuletzt in der Kapelle der Burg Hechingen in Baden-Württemberg wieder.

Am Grab in Potsdam wird auf jeden Prunk verzichtet. Neben Blumen legten Friedrich-Verehrer Kartoffeln ab. Zur Erinnerung, dass er es war, der allen Widerständen zum Trotz in Preußen die Erdäpfel einführte. Das Grab ist leicht zu übersehen, so dass viele

Schloss Sanssouci

Besucher den Park verlassen, ohne die letzte Ruhestätte des Philosophe de Sanssouci bewusst wahrzunehmen. Mit Philosoph von Sanssouci hatte Friedrich über Jahre hinweg seine Briefe unterschrieben. Ob mit vollem Ernst oder eher lakonisch – so genau weiß man es nicht. Bekannt dagegen ist: Die Idee für Schloss und Park stammen weitgehend von Friedrich selbst. Noch als Kronprinz soll er sie in Rheinsberg entworfen haben.

Sein Freund und Vertrauter Georg Wenzelslaus von Knobelsdorff hat sie zu Papier gebracht. Als 1740 aus dem Kronprinzen der König in Preußen wurde, verhinderten erst einmal die Schlesischen Kriege das Potsdamer Bauprojekt. Doch auch in diesen schwierigen Zeiten verlor Friedrich das Familiengrundstück von immerhin 375 Hektar Größe nicht aus den Augen. Seine Mutter ließ er jedenfalls im August 1743 wissen: »Wir haben gestern auf dem Berge gespeist, von dem die Aussicht entzückend ist.«

Fast auf den Tag genau ein Jahr später erließ er die Order, dort einen Weinberg anzulegen. Sechs Etagen hoch. Heute zu ersteigen über 132 Stufen. Gepflanzt wurden Weinstöcke und Feigen. Noch während seiner Rheinsberger Zeit als Kronprinz verblüffte er seinen Hof mit einer Vorliebe für edles Obst. Im Januar 1746 kam der Befehl zum Bau eines Lusthauses.

Die Gelder stammten aus dem Fürstentum Ostfriesland, das ein Jahr zuvor an Preußen gefallen war. Am 1. Mai 1747 bezog Friedrich sein neues Haus. Wohl noch halbfertig. Sans Souci – ohne Sorgen – ist in großen Lettern am Schloss zu lesen.

Der Hohenzollern-Fürst war selbst von dem Bau-Ensemble begeistert und ließ wissen:

»Dort auf des Hügels luft'ger Spitze,
Wo frei das Auge schwelgt in ferne Sichten,
Ließ sich der Bauherr zum erhab'nen Sitze
Mit Fleiß und Kunst das Haus errichten …«

40 Jahre lang diente ihm das einstöckige Gebäude als Sommerresidenz. Auf den ersten Blick ist es eher ein Herrenhaus als ein Schloss. Gewissermaßen ein Anti-Versailles. Zur Repräsentation, auf die auch er nicht verzichten konnte, ließ Friedrich später das sogenannte Neue Palais am Ende des Parks bauen. Ein Haus mit 200 Räumen. Es selbst bezeichnete es als Fanfaronade, als Prahlerei. Dagegen nehmen sich die zwölf Zimmer in Sanssouci eher bescheiden aus. Das ovale Konzertzimmer – hier fanden die legendären Flötenkonzerte statt – und die Bibliothek gehören zu den schönsten Räumen, was das deutsche Rokoko an Innenarchitektur überhaupt hervorgebracht hat. Das gilt für Deckenmalereien und Wandbilder ebenso wie für die Möbel. Friedrich beanspruchte die Zimmer des Ostflügels für sich. Der französische Schriftsteller und Philosoph Voltaire beobachtete ihn dort bei der Arbeit: »Ein

Friedrich II. von Preußen

großer Herrscher bis zur Mittagsstunde Am Nachmittag Schriftsteller ersten Ranges Tagsüber Philosoph voll edlen Dranges Und abends göttlich bei der Tafelrunde.«

Durch einen Marquis de Boulle, der 1784 Potsdam besuchte, sind der Nachwelt auch Details über das Schlaf- und Arbeitszimmer bekannt geworden: Das Zimmer war »geräumig, sehr hell, mit zahlreichen Spiegeln versehen und durch eine große Balustrade geteilt, welche die Stelle für das Bett bezeichnete ... ein einfaches Feldbett, bedeckt mit dunkelroten Taftdecken und ebenso unsauber wie die übrigen Möbel; das rührte von den zahlreichen Hunden her, die der König liebte und die in den königlichen Zimmern hausten. Ebenso wie sein Schreibtisch waren mehrere Tische mit unordentlich umherliegenden Büchern bedeckt.« Einen Damenflügel, der in Schlössern Königinnen vorbehalten war, gab es in Sanssouci so nie. Königin Elisabeth Christine, eine geborene von Braunschweig-Bevern, hatte gewissermaßen Hausverbot. Ihre Zimmer konnten also Gäste nutzen. Übrigens genossen nur ganz wenige aus dem nahezu unüberschaubaren Kreis der Hohenzollern-Verwandtschaft die Ehre, regelmäßig eingeladen zu werden. Es waren vor allem Freunde, allesamt hochgebildete Männer, die Friedrich um sich haben wollte.

Im Laufe der Jahre wurde es immer stiller auf der Weinberg-Terrasse. Fast alle der königlichen Vertrauten waren inzwischen verstorben. Völlig vereinsamt starb Friedrich mit 74 Jahren in seinem Lieblingsschloss. Seine Hunde hätten ihm näher gestanden als die Menschen, behauptete man wohl nicht zu Unrecht. Wer wie Friedrich über 40 Jahre so eng mit Haus und Garten verbunden war – so will es jedenfalls eine Legende wissen – der kann auch nach dem Tode nicht davon lassen.

Ein vaterländischer Dichter namens Dagobert von Gerhardt-Amyntor machte in den 1880er-Jahren aus diesem Stoff eine lange Ballade. Der adlige Verse-Schmied ließ zu nächtlicher Stunde Majestät vom Reiterstandbild im Park herabsteigen und legte ihm die Worte in den Mund: »Parbleu! Man sitzt sich lahm und krumm Schau'n wir uns mal im Garten um.«

Dann kontrollierte Friedrich die Posten. Riesige Freude beim großen König, als ihm ein Wachsoldat erklärt, dass er aus dem Elsass stamme. Das seit dem Krieg von 1870/71 zu Deutschland gehöre. Der Poet lässt daraufhin Friedrich verklärt zur Havel blicken und ergriffen sagen: »Was ich in meinem Testament Gewünscht: es möge das Regiment Des Landes stark, gerecht und klug Und sparsam sein und sonder Trug; Es möge sich schützen durch ein Heer Dem stets als Höchstes gilt die Ehr', – Das hast Du, Schicksal, hold gewährt.«

Gewiss ist Friedrich der Große vor allem als genialer Schlachtenlenker in die Geschichte eingegangen. Doch sein Ruhm als Bauherr überdauerte die Jahrhunderte ebenso.

Lenné wirft das Handtuch

Potsdam-Babelsberg

Am 22. September 1862 erschien Otto von Bismarck auf Schloss Babelsberg, der Sommerresidenz des Königs. Seit Jahren schenkte Wilhelm I. unter all seinen Schlössern diesem Anwesen östlich von Potsdam seine ganz besondere Gunst. Hier empfing er ausländische Staatsgäste oder enge Vertraute. Nun hatte er also Bismarck von dessen Posten als Gesandter aus Frankreich zurückberufen. »Gefahr im Verzuge. Beeilen Sie sich«, stand in dem Telegramm nach Paris. Gefahr in diesem Fall bedeutete: Die Heeresreform drohte im Parlament zu scheitern.

Otto von Bismarck schien dem König und seinen Beratern als der geeignete Mann, die ungeliebten, weil recht kostenintensiven Pläne durchzusetzen. Notfalls auch ohne parlamentarische Mehrheiten. Am nächsten Tag ernannte der König den erzkonservativen Bismarck zum preußischen Ministerpräsidenten, im Oktober dann noch zum Außenminister. Obwohl dieser Wilhelm bis zu seinem Lebensende als gewiefter Realpolitiker galt, soll er oft Erfolge und Misserfolge seiner Entscheidungen auch auf den Ort zurückgeführt haben, wo er sie traf. Für Schloss Babelsberg fällt zumindest aus seiner Sicht die Bilanz positiv aus.

Schon als jungem Prinzen war ihm 1811 während eines Manövers das Areal zwischen Berlin und Potsdam angenehm aufgefallen, obwohl zu diesem Zeitpunkt das einstige Jagdrevier der Hohenzollern bereits viel von seiner Ursprünglichkeit verloren hatte. Schuld daran waren Friedrich der Große und dessen Sinn fürs

Schloss Babelsberg

Geschäftliche. Friedrich II. hatte einem Unternehmer das Land verkauft und der errichtete auf der Anhöhe eine Mühle, dort, wo sich heute der Flatow-Turm in die Höhe streckt. Es dauerte nicht allzu lange, da war ein Großteil des Waldes abgeholzt.

Und trotzdem: Jahrelang lag der Prinz seinem Vater König Friedrich Wilhelm III. in den Ohren, dieses Gebiet in Havel-Nähe zu kaufen und es ihm zu überlassen. Erst 1833 kam der nunmehr greise König dem Wunsch seines zweitgeborenen Sohnes nach und genehmigte den Schlossbau. Die Pläne dafür lagen bereits seit zwei Jahren vor. Sie stammten von Carl Friedrich Schinkel. Dessen Schüler Ludwig Persius entwickelte sie dann später weiter. 1735 begann Schinkel mit dem Bau. Die damalige Nummer 1 unter den preußischen Architekten setzte dem Zeitgeschmack folgend auf englische Gotik, auf den sogenannten Tudorstil. Schinkel hatte dabei schlichte und klare Formen vor seinem geistigen Auge, doch das war Wilhelms Ehefrau Augusta zu wenig. Die Prinzessin aus

Karl Friedrich Schinkel

Peter Joseph Lenné

dem Hause Sachsen-Weimar, eine ausgewiesene Gotik-Kennerin, verlangte vor allem ein facettenreiches Dekor im Inneren und außen genügend ornamentalen Fassadenschmuck. Ein Zerwürfnis blieb nicht aus. Vor allem aber führten finanzielle Engpässe zu immer neuen Unstimmigkeiten. Als zweitgeborenem Königssohn stand Wilhelm nämlich nur ein begrenzter Etat zur Verfügung. Außerdem hatte der Vater lediglich den Bau eines repräsentativen Landhauses genehmigt und nicht ein ausgewachsenes Schloss. Also wurde vorerst nur ein Teil der Pläne umgesetzt. 1835 zogen Prinz und Prinzessin ein.

Was auf das Schloss zutraf, galt auch für den Park. Denn auch Landschaftsgestalter Peter Joseph Lenné stieß an die Grenzen des finanziell Machbaren. Es fehlte das Geld für die künstliche Bewässerung. Und ohne genügend Wasser waren seine Entwürfe eines englischen Landschaftparks nicht zu verwirklichen. Der Streit eskalierte und man übertrug die Verantwortung für die weitere

Parkgestaltung Hermann Fürst Pückler-Muskau, ebenfalls ein Meister der Gartenarchitektur. Als Wilhelm 1888, nunmehr seit 17 Jahren deutscher Kaiser, starb, umfasste der Park eine Fläche von etwa 500 Hektar. Vieles hat sich im Laufe der Jahre verändert, doch bis heute bietet ein Bummel durch den Park sowohl Natur- als auch Kunsterlebnisse, und das zu jeder Jahreszeit. 22 Kilometer Wege und Pfade sollen es sein, die an alten Eichen und Buchen vorbeiführen.

Wilhelms Finanz-Situation verbesserte sich wesentlich, als er zum Thronfolger ernannt wurde. Die Ehe seines Bruders war nämlich kinderlos geblieben, die Erbfolge im Hause Hohenzollern musste aber gesichert werden. Deshalb die Erhöhung seines Standes. Das brachte neue Aufgaben mit sich, vor allem floss mehr Geld. Nun konnte weiter gebaut werden. Die Arbeiten übernahm jetzt der schon erwähnte Parsius und nach dessen Tod Johann Heinrich Strack. Strack schien dem Kunstgeschmack der Prinzessin recht nahe gekommen sein. Das betrifft vor allem die Türmchen und Erker. Oktober 1848 wird der Westflügel eingeweiht. In den 1850er-Jahren entsteht der Flatow-Turm. Der Name geht auf eine Landschaft in Westpreußen zurück. Sie war persönlicher Besitz von Wilhelm und von dort stammen die Steine. Im Inneren des Turmes befanden sich Gästezimmer, hier hatte auch der spätere Kaiser ein Kabinett zum Arbeiten.

Unter Stracks Regie wurde im Park eine mittelalterliche Gerichtslaube aufgebaut. Sie war ein Geschenk der Berliner und war bis zum Abbruch Teil des alten Rathauses. An den gewonnenen Deutsch-Österreichischen Krieg von 1866 erinnert südwestlich vom Schloss eine Siegessäule. Die Göttin Viktoria ist eine Arbeit von Christian Daniel Rauch. Strack entwarf übrigens auch das Matrosenhaus. Hier wurden jene Marinesoldaten untergebracht, die für die Havel-Flottille zuständig waren. Gar nicht weit entfernt steht das Kleine Schloss, ein umgebautes und erweitertes Gärtnerhaus. Hier lebte viele Jahre jener preußische Kronprinz, dem 1888 als Friedrich III. gerade mal 99 Tage auf dem deutschen Kaiserthron beschieden waren.

Noch einmal sollte auf Schloss Babelsberg ein wichtiges Stück deutscher Geschichte geschrieben werden: 1878 wurde hier das berüchtigte Sozialistengesetz beraten und vom Königshaus unterzeichnet.

Nach Wilhelm I. ziehen Ruhe und Besinnlichkeit in Schloss und Park Babelsberg ein. Andere Hohenzollern-Fürsten bevorzugen andere Schlösser. Und wenn heute Museum und Restaurant die Besucher locken, so ist das gewiss nicht die schlechteste Nutzungsvariante.

Residenzschloss und Familiengrab

Berlin-Charlottenburg

Nach gut 300 Jahren kann keiner mehr mit Sicherheit sagen, weshalb Kurfürstin Sophie Charlotte das Dorf Caputh gegen das Dorf Lietze(n) westlich von Berlin eintauschte. Vielleicht war ihr dieses Caputh zu weit von Berlin entfernt? Vielleicht gefiel ihr die Landschaft an der Spree besser als die an der Havel? Möglicherweise wollte sich die Prinzessin aus Hannover einmal als Bauherrin selbst verwirklichen? Was auch immer die Motive waren, die Kurfürstin nervte ihren Ehemann Friedrich III., den späteren König Friedrich I., so lange, bis der 1796 in den Tausch einwilligte.

Als sie allerdings zwei Jahre zuvor Caputh zurückgab, soll Friedrich nicht besonders begeistert über den Immobilientausch gewesen sein. Caputh war nämlich ein kompaktes Anwesen, das sich bei Bedarf auch als Ganzes gut veräußern ließ. Lietze dagegen bestand aus unzähligen Splitterflächen, so dass man künftig ungleich schwerer einen Käufer finden würde.

Aber einer schönen, interessanten Frau – so wie es Sophie Charlotte war – schlägt man nichts ab. Ein hochgestellter Engländer namens Toland schrieb an den Herzog von Sommerset über den Hof in Berlin: »Sophie Charlotte ist die schönste Prinzessin ihrer Zeit, und sie steht keinem Menschen nach in richtigem Verstand, zierlichen und wohlgesetzten Worten und an Annehmlichkeit in der Unterhaltung und Umgang ... Man bewundert ebenso wohl ihren scharfen und gewandten Geist als ihre gründliche Wissenschaft, die sie in den schwersten Stücken der Philosophie erlangt hat.«

Die Kurfürstin überträgt dem Architekten Johann Arnold Nering die Verantwortung für die Planung und den Bau einer Sommerresidenz. Am 11. Juli 1699 findet die Einweihung statt. Es ist zunächst eher ein kleines Lustschloss. Man tauft das Haus Lietzenburg. Nach Friedrichs Krönung zum König in Preußen erscheint der Herrscherfamilie das Anwesen als zu klein und es wird angebaut. Eine repräsentative Dreiflügel-Anlage entsteht. Dort empfängt Sophie Charlotte Geistesgrößen ihrer Zeit zu recht zwanglosen Gesprächen. Akademie-Präsident Leibniz, zu dem sie ein besonders enges Verhältnis hat, wird nach ihrem Tod schreiben: »Die Königin besaß eine unglaubliche Wissenschaft nicht gemeiner Dinge, mit einem steten Streben, immer mehr zu erforschen ... Nie hat man eine geistreichere und leutseligere Fürstin gesehen.« Zum Andenken an die Verstorbene lässt Friedrich Schloss und Siedlung in Charlottenburg umbenennen. Des Königs Bauwut ist auch nach dem Tod seiner Frau nicht zu bremsen. Der Mittelteil mit der charakteristischen Kuppel entsteht. Die Westseite wird durch eine Orangerie und eine Kapelle ergänzt.

Sophie Charlotte von Preußen

Sohn Friedrich Wilhelm I., der Soldatenkönig, hatte bekanntermaßen nicht viel mit Schlössern im Sinn. Er strich deshalb den Etat für den Erhalt der Hohenzollern-Häuser soweit zusammen, wie es nur irgendwie möglich war. Doch gänzlich auf die Häuser verzichten wollte und konnte er nicht, vor allem nicht auf das attraktive Charlottenburg, das am besten das Selbstbewusstsein der noch jungen Monarchie widerspiegelte. Man benötigte solche Gebäude, um der Lust oder auch der Pflicht an Repräsentation nachzukommen. 1725 wurde hier der Charlottenburger Vertrag mit Georg I. von England besiegelt. Das Abkommen regelte die Erbansprüche Brandenburgs auf das Fürstentum Jülich-Kleve. Richtig hoch her ging es drei Jahre später, als August der Starke aus Dresden zum Staatsbesuch anrückte. Auch Feingeist Friedrich II. wusste Charlottenburg zu schätzen. Gleich nach Amtsantritt ließ er sich im ersten Stock eine Wohnung herrichten. Im schönsten Rokoko, versteht sich. Zwar schlug sein Herz zeitlebens für Potsdam und Sanssouci, doch Charlottenbug muss für ihn das kleinere Übel gegenüber dem Berliner Stadtschloss gewesen sein. Offenbar verbanden sich mit dem inzwischen verschwundenen Schloss in der Nähe des Alexanderplatzes düstere Kindheitserinnerungen, wohl vor allem an die Schikanen des Vaters.

Auch dem dicken Willi, wie König Friedrich Wilhelm II. genannt wurde, lag Charlottenburg am Herzen. Unter seiner Regentschaft erhielt das Schloss im Wesentlichen sein heutiges Aussehen. Seitdem überragt ein 50 Meter hoher Turm das Schloss. Mit der vergoldeten Glücksgöttin Fortuna auf der Spitze. Der Westteil wurde durch das Theater und die Kleine Orangerie ergänzt. Damit erreichte das Schloss die imposante Länge von 505 Metern.

Dem nächsten Friedrich Wilhelm, dem dritten dieses Namens, verdankt die Nachwelt das Mausoleum im Park. Der König ließ es für seine 1810 verstorbene Ehefrau Luise errichten. Dazu die Beschreibung aus einem Kunstband jener Zeit: »Der gerechte Schmerz des Monarchen, der, in der einer hart bedrängten Zeit, durch den Verlust einer, ebenso so sehr mit äusserem Liebreitz, als

Schloss Charlottenburg

mit den trefflichsten Eigenschaften des Geistes und des Herzens ausgestattenen Gemalin in die tiefste Trauer versenkt wurde, hat in Charlottenburg, in dem Orte, den eine nicht weniger hochstehende Königin einst zu ihrem Lieblingsaufenthalt erwählte, ein Denkmal gegründet, das sowohl den Namen der erhabenen Fürstin als den ihres erlaubten Gemahls, der Nachwelt überliefern wird. Ohne äußeren Prunk, nur den Charakter seiner äußeren Umgebungen als Sitz der Trauer und der ernsten Betrachtung bezeichnet, tritt das einfache Tempelgebäude am Ende einer düsteren Trauerallee ... dem Besucher entgegen.« Drei Jahrzehnte später wurde hier auch der König beigesetzt. In der Gruft ruhen inzwischen weitere Hohenzollern, darunter Kaiser Wilhelm I. und dessen Ehefrau Augusta. Das Herz von König Friedrich Wilhelm IV. befindet sich in einer Kapsel aus Stein. Später kam das Schloss dann noch mal zu Residenz-Ehren: Als von März bis Juni 1888 der totkranke 99-Tage-Kaiser Friedrich III. hier residierte.

Zum Bau-Ensemble gehörte auch Belvedere im Norden des Schlossparks. 1788 errichtet, wurde es einst als Teehaus genutzt, heute befindet sich darin eine Porzellansammlung.

Das Schloss wurde zweimal verwüstet beziehungsweise zerstört: 1760 während des Siebenjährigen Krieg durch sächsische und österreichische Truppen, 1943 durch einen Luftangriff.

Nach dem Zweiten Weltkrieg wurde ernsthaft nachgedacht, ob ein Wiederaufbau sinnvoll sei – und sie waren sinnvoll, wie sich heute zeigt. Mit Charlottenburg verfügt der Nordosten Deutschlands über eines der beeindruckendsten Barockschlösser zwischen Rhein und Oder.

Ein schwarzer Tag im Leben des Friedrich II.

Küstrin

Gerade war es Tag geworden in der neumärkischen Festungsstadt Küstrin, dem heutigen polnischen Kostrzyn. Nicht weit von den mächtigen Mauern fließt die Warthe in die Oder. Man schreibt den 6. November 1730. Die ganze Nacht über brannte in der Torstube über dem Festungseingang das Licht. Es war die letzte Nacht des Hermann von Katte, Freund des Kronprinzen Friedrich und bis vor wenigen Tagen noch Offizier in der Armee von Friedrich Wilhelm I. Nun hatte der Soldatenkönig befohlen, an diesem Morgen das Todesurteil zu vollstrecken. Ein Urteil, das Majestät selbst gesprochen hatte. Fahnenflucht wurde dem jungen Mann zur Last gelegt. Ebenso wie dem Sohn des Königs Fritz, der Jahre später als Friedrich der Große in die europäische Geschichte eingehen sollte. Die beiden hatten nach England fliehen wollen, ihr Vorhaben war aber entdeckt und vereitelt worden. Das Urteil eines hochrangigen Militärgerichts, lebenslang für Katte, erschien dem König als viel zu milde. Für den Kronprinzen hatten sich die Richter klugerweise als nicht zuständig erklärt. Am 1. November 1730 erlässt Friedrich Wilhelm I. eine Kabinettsorder, dass der Katte »mit dem Schwert vom Leben zu Tode gebracht werden solle …«

Auf Gnadengesuche der Familie Katte auf Wust bei Rathenow, einem alten Adelsgeschlecht, zeigte sich Majestät unnachgiebig. Dass, obwohl es der Großvater des Verurteilten bis zum Feldmarschall gebracht hatte und der Vater als Offizier hohes Ansehen genoss. Ihm soll Friedrich Wilhelm zwar höflich zugehört haben, um dann aber unmissverständlich zu antworten: »Was sollen wir armen Väter tun? Ihr Sohn ist ein Schurke, meiner auch.« Und während an jenem Novembermorgen der Todeskandidat zur Richtstätte gebracht wurde, führte man den 18-jährigen Kronprinzen zum Fenster seiner Zelle. Auf Befehl des Vater wird er Augenzeuge der Hinrichtung seines besten Freundes. Das überfordert Friedrichs Kräfte, er bricht besinnungslos zusammen. Wochenlang kämpfte der Kronprinz mit einem Nervenfieber und kam erst nach und nach wieder zu Kräften. Es wurde später viel über den schwarzen Tag von Küstrin philosophiert. Hohenzollern-Spezialisten stimmen weitgehend darin überein, dass hier zumindest ein, wenn nicht sogar der Schlüssel liegt, um das künftige Handeln das Königs zu erklären. Zwei Jahre Hauarrest schließen sich an. Jahre, in denen der Kronprinz auch Einblick in die preußischen Verwaltungsstrukturen bekommt. In dieser Zeit soll er sich sogar verliebt haben. In Frau von Wreech, die Ehefrau eines hohen Offiziers. Regelmäßig besuchte er die Freifrau in Tamsel, einem Dorf nur wenige Kilometer von seinem Verbannungsort entfernt. 1832 schließen Vater und Sohn eine Art Burgfrieden. Der Kronprinz verspricht, sich den väterlichen Hochzeitsplänen widerspruchslos zu fügen und wird in den äußersten brandenburgischen Norden versetzt. Nun beginnt die Ära Ruppin-Rheinsberg. Küstrin gehört der Vergangenheit an, bis im Siebenjährigen Krieg die Festung von russischen Truppen belagert wird. Zwar wehren die Verteidiger alle Angriffe ab, doch die Altstadt geht in Flammen auf und brennt fast vollständig nieder. Erst als Friedrich an der Spitze seiner Armee anrückt, ziehen sich die Angreifer zurück. Am 25. August 1758 schlägt der König in der Schlacht bei Zorndorf das feindliche Heer.

Hans Hermann von Katte

Kattes Hinrichtung

Mit einer Niederlage hat auch der kurze Aufenthalt von König Friedrich Wilhelm III. und seiner Frau Luise zu tun: Das Paar befand sich auf der Flucht vor den Armeen Napoleons. Nach der verlorenen Doppelschlacht von Jena-Auerstedt legten die königlichen Majestäten Ende Oktober 1806 in der Oder-Festung einen Zwischenstopp ein. Das Königspaar war in Richtung Memel unterwegs, um sich in Ostpreußen vor den französischen Truppen in Sicherheit zu bringen. Kaum hatten die beiden Küstrin verlassen, wurde am 1. November die Festung kampflos übergeben. Bis dahin galt das gut gesicherte Bauwerk als uneinnehmbar. Den Löwenanteil am Bau der gewaltigen Wehranlage hatte 200 Jahre zuvor ein Markgraf namens Hans. Markgraf Johann von Brandenburg-Küstrin war streng genommen durch einen Gesetzesbruch zu Herrscherehren gekommen. Nicht er selbst hatte sich versündigt, sondern sein Vater Kurfürst Joachim I. Der verfügte nämlich: Nach seinem Tod soll der westliche Landesteil, also die

Kurmark, an seinen Sohn Joachim übergehen. Den Osten mit der Neumark und den Lausitzer Besitzungen erhielt Johann, der Zweitgeborene. Diese Festlegung verstieß gegen das Hausgesetz der Hohenzollern, das vorsah: Die Mark Brandenburg bleibt bis in alle Ewigkeit ungeteilt. Doch der letzte Wille eines Landesherrn hat Gesetzeskraft. Als der Fürst im Juli 1536 für immer die Augen schloss, wurde das Land dann tatsächlich zweigeteilt. Zu dieser Zeit ist Küstrin ein Städtchen von eher geringer Bedeutung. Doch wegen der strategisch günstigen Lage, der Übergänge an Oder und Warthe, entschied sich Johann für Küstrin als künftige Residenz. Ursprünglich war auch Königsberg, das heutige polnische Chojna, im Gespräch.

Als erstes lässt Johann die schon vorhandenen Verteidigungsanlagen nach italienischem Vorbild modernisieren. Der Umbau soll mehr als 160 000 Gulden gekostet haben – damals eine geradezu astronomische Summe. Die Arbeiten ziehen sich über drei Jahrzehnte hin. Um 1568 finden sie einen vorläufigen Abschluss. Gleichzeitig mit der Festung wird das Schloss instandgesetzt. Das mittelalterliche Gebäude stammte noch aus der Zeit der Ordensritter, die lange Zeit in der Neumark das Sagen hatten. Das neue Schloss brannte übrigens bei dem russischen Angriff von 1758 vollständig nieder, wurde danach wieder aufgebaut und diente ab 1814 als Kaserne. Der 2. Weltkrieg machte Schloss und die gesamte Altstadt zu einem einzigen Ruinenfeld. Doch zurück zu Johann von Brandenburg-Küstrin: Der Markgraf galt als ein eifriger Verfechter des lutherischen Glaubens. Höchstpersönlich war er damals nach Wittenberg gereist, um von dem Reformator eine eigene Kirchenordnung für die Neumark zu erbitten. Er war der einzige unter den deutschen Reichsfürsten, der den Augsburger Religionsfrieden ablehnte. Vor dem Kaiser erklärte er, dass er das

»verführerische Gemisch von Wahrheit und Trug« nicht annehmen wolle. »Lieber Beil als Feder, lieber Blut als Tinte.« Wegen dieser Äußerungen wurde er des Reichstages verwiesen. Theodor Fontane nannte ihn einen »geborenen Regierer« und verglich ihn mit dem Soldatenkönig: »... er griff in Großes und Kleines ein, bestimmte die Preise der Lebensmittel, verbot den Handwerkern werkelstags in Bierhäusern zu frühstücken und ordnete die Zahl der Gerichte bei Hochzeiten und Kindtaufen ... Daneben war er um alles, was krank, elend und bedürftig war, aufs sorglichste und liebevollste bemüht ...«

Gerade mal 36 Jahre existierte dieses selbstständige Land Brandenburg-Küstrin. Nach Johanns Tod ging das Fürstentum wieder an die Berliner Verwandtschaft zurück. Johann soll noch lange nach seinem Ableben durch die unterirdischen Kasematten gegeistert sein. Jede Nacht habe er in einem an Ketten aufgehängten Bett geruht, erzählt eine Sage. Eine andere will wissen, er mag »fremdes Volk in seiner Stadt nicht leiden, am allerwenigsten Feinde. Das hat manche französische Schildwache erfahren müssen, und ging die zu nahe am Rande des Wallgangs, ... so war er bald neben ihr und sprach mit ihr und stieß sie hinunter.«

Die Rache der Friederike Luise

Bad Freienwalde

Nein, ganz so einfach wollte es die Königin von Preußen ihrem Mann nicht machen. Wenn Friedrich Wilhelm II. etwas Jüngeres haben wollte, dann sollte er auch dafür zahlen.

100 000 Taler wären dafür ein angemessener Preis, befand Friederike Luise. Für die damalige Zeit eine ordentliche Summe. Man schrieb das Jahr 1787 und der König hatte vor, Julie von Voss zu heiraten. Das junge Mädchen war die Nichte der Hofdame seiner Frau. Solche Verbindungen waren einigen handverlesenen Spitzen des europäischen Hochadels gestattet. Selbst die evangelische und die katholische Kirche, alles andere als tolerant in Sachen eheliche Treue, drückten beide Augen zu. Ehe zur linken Hand hieß das. Voraussetzung war allerdings, dass die ursprünglich Angetraute dem zustimmte. Friederike Luise – eine geborene Prinzessin von Hessen-Darmstadt – war Kummer gewohnt. Ihr königlicher Gatte, der dicke Willi, galt bei Hofe und sogar beim Volk als ausgemachter Schürzenjäger. Schon vor seiner ersten Ehe, die 1767 geschieden wurde, hatte der Vielgeliebte ein Verhältnis mit Wilhelmine Enke, der Tochter eines Musikers. An dieser Beziehung hielt er bis zu seinem Lebensende fest. Auch dann noch, als er nach Julies Tode eine Gräfin Dönhoff heiratete.

Ja, eine Hohenzollern-Fürstin hatte es nicht leicht. Dieser ständige Beziehungsstress könnte bei Friederike Luise durchaus zu ihrer angeschlagenen Gesundheit beigetragen haben. Jedenfalls machte sich die First Lady in den Sommermonaten in Potsdam und Berlin

Bad Freienwalde

rar. Über Jahre hinweg fuhr sie ins oderländische Freienwalde zum Kuren. Bei ihren ersten Aufenthalten kam sie in einem Bürgerhaus unter, dem Anwesen des Oberförsters. Nach und nach ließ sie das Haus vergrößern. Die Mittel erpresste sie von ihrem Ehemann. Der hatte nämlich nach jedem Seitensprung tief in die Tasche zu greifen. Als Nadelgeld flossen die Taler in die Privatschatulle der Königin. Und weil sie als besonders kunstsinnig und theaterfreundlich gelten wollte, ließ sie um 1795 einen Pavillon errichten – das Teehäuschen. Während ihrer Kur-Aufenthalte fanden hier jede Woche bis zu vier Theateraufführungen oder Konzerte statt. Bereits vorher hatte sie mit der Anlage eines Schlossgartens begonnen. Mit Ruinen und Grotten, romantischen Wegen und einzelnen Baumgruppen. Seine heutige Form erhielt das 10-Hektar-Areal erst ein Vierteljahrhundert später. Geistiger Vater ist kein Geringerer als der Landschaftsarchitekt Peter Joseph Lenné. Als 1797 der dicke, aber durchaus umtriebige Willy das Zeitliche segnete, erhielt Friederike Luise

Friederike Luise von Preußen

das Schloss Monbijou in Berlin als Witwensitz. Das Anwesen befand sich zwischen den heutigen S-Bahnhöfen Friedrichstraße und Hackescher Markt. Doch offenbar hatte Königin Mutter andere Vorstellungen, wo und wie sie ihren Lebensabend verbringen wollte. Nämlich in Freienwalde. Für den Schlossneubau gewann sie Baumeister David Gilly, einen der Besten seines Faches. Zwischen 1798 und 1799 entsteht das dreistöckige Haus.

Für Theodor Fontane hat es mehr den Charakter eines »stattlichen, geschmackvoll aufgeführten Privathauses als den eines Schlosses ... geräumige Zimmer sind da, aber weder breite Treppen noch lange Korridore, weder Hallen noch Säle ... Ein Bau für eine Königinwitwe, die sich selbst leben will, nicht für eine Königin, die anderen leben muss«.

Es ist keine Einsiedelei, in die sich Friederike Luise zurückzieht. Dafür sorgt nicht zuletzt die junge königliche Familie mit ihren Besuchen in Freienwalde. Mit Friedrich Wilhelm III. und Luise kommen auch die drei ältesten Enkel Friedrich, Wilhelm und Charlotte. Für Prinz Wilhelm, der später als Kaiser Wilhelm I. einmal an der Spitze des Deutschen Reiches stehen wird, hat der Kurort eine ganz besondere Bedeutung. 1820 – zu diesem Zeitpunkt ist die Großmutter schon 15 Jahre tot – gesteht er hier Prinzessin Elisa von Radziwill seine Liebe. Die Familie Radziwill gehört über einige Ecken und Enden auch zu den Hohenzollern. Soldatenkönig Friedrich Wilhelm I. war der Großvater der Mutter der Angebeteten, der Ururgroßvater von Wilhelm, Fürst Radziwill, Elisas Vater, war ein reicher polnisch-litauischer Edelmann und als preußischer General hochgeachtet.

Doch aus einer Ehe wird nichts. Der König höchstpersönlich legt sein Veto ein. Die Standesunterschiede wären unüberwindlich. Sohn Willi knickt vor dem Vater ein und er trennt sich von Elisa. Gehorsam und Pflichtbewusstsein hätten ihm mehr am Herzen gelegen als seine Liebe, behaupten später Chronisten. Die Konsequenzen für die Thronfolge und das Hofprotokoll wären dem jungen Mann wichtiger gewesen als persönliches Glück. Die Prinzessin akzeptiert die Berliner Entscheidung ohne Wenn und Aber.

Im Schloss von Freienwalde verbrachte Elisa Radziwill auch den letzten Sommer ihres Lebens. Im September 1834 starb sie mit 31 Jahren an Schwindsucht.

Dann wird es ruhig um das Schloss Freienwalde. Die Hohenzollern-Familie nutzte das Haus nur einige wenige Mal im Jahr. Meist im Winter für Jagdausflüge. Dann entdeckte der Industrielle und spätere Außenminister Walther Rathenau auf einer Autofahrt in das Oderbruch das Anwesen und kauft es 1909 262.500 Mark. Das Haus wird saniert und umgebaut und dient ihm bis zu seiner Ermordung 1922 als Wohn- und Arbeitsstätte.

Heute befinden sich in dem Gebäude eine Rathenau-Gedenkstätte und eine Ausstellung über die Geschichte des Hauses.

Hausarrest für einen König

Berlin-Friedrichsfelde

»Der Kurfürst und was fürstlich heißt
haben jüngst beim Raule gespeist
Mittags zu Rosenfelde.«

Derjenige, der diese Banalitäten in Verse setzte, war Friedrich Rudolf Ludwig von Canitz, ein enger Vertrauter des Kurfürsten Friedrich III. Was Raule selbst betraf: Benjamin Raule galt als einer der reichsten Männer des Landes. Dem gebürtigen Niederländer unterstand im Brandenburg des späten 17. Jahrhunderts fast alles, was irgendwie mit Seefahrt und Seehandel zusammenhing. Und der erwähnte Landsitz Rosenfelde gehört inzwischen zum Berliner Stadtteil Friedrichsfelde.

1695 hatte Raule das Anwesen – heute mitten im Tierpark gelegen – gekauft. Hier muss schon damals ein unscheinbares Jagdschlösschen gestanden haben, doch es war viel zu klein und bescheiden, um in den Augen eines erfolgreichen Unternehmers wie Raule bestehen zu können. Also wurde neu gebaut. Die Pläne für das Gebäude im holländischen Landhausstil stammten von Johann Arnold Nering. Nering hat auch an Schlössern in Köpenick, Oranienburg und Charlottenburg zumindest mitgebaut. Vieles, was den Gendarmenmarkt so attraktiv macht, stammt ebenfalls von ihm. Doch Bauherr Raule kann sich nicht lange an seinem Besitz Friedrichsfelde erfreuen: Dem General-Marinedirektor werden Veruntreuungen vorgeworfen und er verliert die Gnade des

Schloss Berlin Friedrichsfelde

Fürsten. Wie in so einem Fall durchaus üblich war, muss er nun statt in einem Palais zu leben mit einer Zelle in der Landesfestung Spandau vorlieb nehmen. 1700 darf er das Land verlassen, hat aber alle Besitzungen aufzugeben. So konnte Kurfürst Friedrich III., der bald darauf zum König Friedrich I. gekrönt wurde, mit Rosenfelde seinen Schlössern ein weiteres hinzufügen.

Für diese Schlösser reißt sich allerdings dessen Sohn, Soldatenkönig Friedrich Wilhelm I., kein Bein aus. 1717 wird das Anwesen Friedrichsfelde dem Markgrafen Albrecht Friedrich von Brandenburg-Schwedt zugewiesen – einem Sohn des Großen Kurfürsten. Die Schwedter Seitenlinie des Hauses Hohenzollern herrschte damals über ein selbstständiges Land – eigentlich mehr ein fast selbstständiges Land. Der Markgraf gehörte übrigens nicht nur schlechthin zur weitläufigen Verwandtschaft, sondern stand auch an der Spitze des einflussreichen Johanniter-Ordens. Wahrscheinlich wurde das Schloss um 1719 vergrößert. Es muss so groß

August Ferdinand von Preußen

gewesen sein, dass dort Versammlungen des Domkapitels, der Führungsriege der Johanniter, stattfinden konnten. Der nächste prominente Schlossherr war Prinz Ferdinand, jüngster Bruder von Friedrich dem Großen. Der Prinz hatte ursprünglich große Pläne für Friedrichsfelde. Es sollte in nichts dem Rheinsberger Schloss nachstehen. Dann aber entschied sich Ferdinand für Bellevue, heute Amtssitz des Bundespräsidenten.

Theodor Fontane rückte die Epoche des Prinzen August Ferdinand in ein recht kritisches Licht: »Sie umfasst zweiundzwanzig Jahre und zeigt, nach dem bescheidenen Maße von Geist und Gaben, dass speziell diesem Prinzen zuteil geworden war, wenigstens Leben und Farbenfrische, wenn auch nicht von Eigenart.«

Das Haus wird verkauft, die Besitzer wechseln in schneller Reihenfolge.

Dann trägt sich 1815 in Friedrichsfelde folgende recht ungewöhnliche Geschichte zu: Als König Friedrich August I. von Sachsen am 22. Februar 1815 das Schloss verlässt, trauert ihm der Ort nach. Eineinhalb Jahre hatte der Fürst aus dem Hause Wettin in dem Anwesen vor den Toren Berlins verbracht. Als Staatsgefangener in einem goldenem Käfig. Unmittelbar nach der Völkerschlacht von Leipzig war er als enger Verbündeter von Napoleon festgesetzt und nach Berlin gebracht worden. Das Leben im Stadtschloss an der Spree entsprach offenbar überhaupt nicht seinen Vorstellungen. Noch weniger hielt er vom Berliner Volk. Viel zu respektlos sei man mit dem König umgegangen, will jedenfalls Theodor Fontane wissen. Anders dagegen in Friedrichsfelde: »Der König lebte ganz als König. Sehr viel Dienerschaft, altfränkisch gekleidet ... Vormittags zwischen elf und zwölf ging er im Park spazieren, nachmittags wurde auf die benachbarten Dörfer gefahren ... Er war bei den Friedrichsfeldern sehr populär, weil er herablassend und wohlwollend war und, die Hauptsache nicht zu vergessen, ihnen viel zu verdienen gab. Der zahlreiche Besuch, der untergebracht werden musste, schaffte den Bauern eine gute Einnahme; dazu die Berliner, die sonntags aus purer Neugier in Scharen herbeiströmten.« Nachdem in Wien das alte Europa neu verteilt wurde, durfte der Sachsen-König Brandenburg wieder verlassen. Doch als armer Mann kehrte Friedrich August nicht nach Dresden zurück. Auch wenn das Kurfürstentum Sachsen drei Fünftel seines Territoriums an Preußen abtreten musste.

Bald darauf erwarb die Familie von Treskow den Besitz. Aus dem Lustschloss wurde ein Gutshaus. Heute gehört es dem Tierpark und dient als Kunstsammlung. Gezeigt werden vor allem Gemälde, Tapeten und gusseiserne Möbel aus dem 18. und 19. Jahrhundert.

Der Prinz und sein Italien

Berlin-Glienicke

Das wollten das offizielle Berlin und seine Bildungsbürger nun doch nicht zulassen – den Verkauf der Kunstgegenstände aus dem Hause Hohenzollern. Auch nicht im Krisenjahr 1931, zu einer Zeit, als alles Mögliche und Unmögliche zu Geld gemacht wurde, um Schulden zu bezahlen. Zur Kasse gebeten wurden damals Fürsten mit wohlklingenden Namen, ebenso wie Millionen einfache Leute. Nun hatte der Strudel also auch die Hohenzollern-Familie erreicht. Schon im Frühjahr musste Prinz Friedrich Leopold hunderte Kunstgegenstände aus seinen Glienicker Schlössern verkaufen lassen. Und nach seinem Tod im September 1931 sollte durch Versteigerung der Rest zu Bargeld gemacht werden. Das war rechtlich möglich. Der Kaiser, nach der Novemberrevolution im holländischen Exil, hatte noch während seiner Regentschaft das Hausgesetz der Hohenzollern geändert, die Schlösser zu Privateigentum deklariert und sie auf diese Weise vor künftigen Enteignungen geschützt.

Einen Teil der Kulturschätze soll Friedrich Leopold allerdings lange vor dem Tod in sein Anwesen ins schweizerische Lugano ausgelagert haben – um von dort aus besser die Ware an den Mann zu bringen, wie jedenfalls Kenner der Szene zu wissen meinten. Andere Wertgegenstände hatte der Prinz schon 1917 an das Köpenicker Kunstgewerbemuseum verkauft. Doch viel halfen die Hilferufe der Bildungsbürger 1931 nicht. Nur einige wenige Einzelstücke konnten vor dem Verkauf gerettet werden. Die legen-

Schloss Glienicke

däre Kunstsammlung hatte aufgehört zu existieren. Schloss und Park Glienicke gingen in den 1930er-Jahren vollständig in den Besitz der Stadt Berlin über. Für 900 000 Mark, wie es heißt. Das Havel-Schloss Glienicke galt bis dahin als die älteste Sammlung christlich-byzantinischer Kunst nördlich der Alpen. Zusammengetragen hatte sie ebenfalls ein Hohenzollern-Fürst: Prinz Karl, Großvater des erwähnten Friedrich Leopold. Karl war ein Sohn von König Friedrich Wilhelm III. und Königin Luise. Der jüngere Bruder von Friedrich Wilhelm IV. und von Kaiser Wilhelm I., Karl, schwärmte seit seiner Jugend für Italien und für italienische Kunst und Kultur. Zu längeren Reisen hatte er im Gegensatz zu seinen beiden älteren Brüdern ausreichend Zeit. Überall sammelte er kulturhistorisch wertvolle Reiseandenken. Darunter sogar Teile des Klosters Certosa in der Nähe von Venedig. Die Abtei musste um 1840 einer Verteidigungsanlage weichen und sollte beseitigt werden. Karl ließ den Kreuzgang Stein für Stein abtragen, ver-

Schloss Glienicke

schiffen und in Berlin wieder aufbauen. Andere Stücke aus der Zeit zwischen dem 10. und 14. Jahrhundert stammten aus Padua und aus Pisa.

Auch die christlich-deutsche Kunst des Mittelalters fand Platz in Glienicke: Bischofstäbe, wertvolle Messgewänder, reich verzierte Kruzifixe. Das Heinrich-Kreuz und der bronzene Kaiserstuhl von Heinrich III. aus dem Dom zu Goslar gehören dazu. Die Steine von Certosa finden sich im sogenannten Klosterhof wieder. Die Pläne für das Bau-Ensemble stammen wahrscheinlich von Prinz Karl selbst. Die Arbeiten leitete der Architekt Ferdinand von Arnim. Einige Kunsthistoriker schreiben den Wiederaufbau des italienisch-brandenburgischen Karthäuser-Klosters König Friedrich Wilhelm IV. und dessen Lieblings- Architekten Stüler zu.

Der Klosterhof war weitgehend ein Freiluft-Museum. Die Anlage wurde von der Prinzen- Familie auch für Gottesdienste genutzt. Im Grunde genommen war es nach dem Tode Prinz Karls

1883 mit den Glanzzeiten vorbei. Danach lebte kaum jemand aus der Hohenzollern- Familie für längere Zeit auf Schloss Glienicke.

Karl Friedrich Schinkel

1824 kaufte Prinz Karl das Anwesen von den Erben des Fürsten Karl August von Hardenberg für 50 000 Reichstaler. In den Folgejahren baute Friedrich Schinkel das Landhaus aus Hardenbergschen Zeiten zu einem klassizistischen Schloss um. Für die Gestaltung des Parks wurde Joseph Peter Lenné gewonnen. Der ließ mehr als 25 000 Bäume pflanzen. Die Kombination von Schinkel'scher Baukunst und Lenné'scher Gartenarchitektur erwies sich als ein Höhepunkt des preußisch-deutschen Klassizismus. »Alles und insbesondere auch das Innere des Schlosses zeugt von dem geläuterten Geschmack des hohen Besitzers und man wird schwerlich eine noch größere Eleganz und Sorglichkeit als die des Schloßgartens finden ...«, heißt es in einem Reiseführer aus der Mitte des 19. Jahrhunderts. 50 Jahre nutzte Prinz Karl das Haus als Sommer-Residenz, das einer italienischen Villa nachempfunden ist. Im ersten Stock befanden sich einst die Gästezimmer, im Erdgeschoss ein Saal.

Neben dem eigentlichen Schloss gehörten der Kavaliersflügel und das Kasino am Havel-Ufer dazu. Große Neugier und Kleine Neugier heißen die Pavillons, von denen sich hervorragend der Verkehr über die Glienicker Brücke und auf der Havel beobachten lässt. Das Kavaliershaus war ursprünglich als Wirtschaftsgebäude konzipiert, im Laufe der Jahre entstanden hier Wohnräume für Mitarbeiter des Prinzen. Darunter auch für den späteren Generalfeldmarschall von Moltke, der vom persönlichen Adjutanten zum Chef des Generalstabs aufstieg.

Zu Kriegsende traf eine Panzergranate das Schloss, später kam es zu Plünderungen. In den Folgejahren wechselten die Nutzer in schneller Folge. Seit dem Frühjahr 2006 befindet sich im Schloss ein Hofgärtner-Museum und man erhält hier Informationen über die Kunst im Park und über die Park-Gestalter.

Erst Burg, dann Schloss und später eine Glashütte

Alt Grimnitz

Dem nimmermüden Wanderer Theodor Fontane war das Ganze gerade mal eine Fußnote wert, denn zu seiner Zeit lag der Unfall auf Schloss Grimnitz bereits gut 300 Jahre zurück: Im Winter anno 1549 war die Decke zwischen dem ersten Stock und dem Erdgeschoß durchgebrochen und mehrere Personen stürzten in die Tiefe, darunter auch Hedwig von Brandenburg, eine Prinzessin aus polnischem Königshaus. Sie war die zweite Frau des Kurfürsten Joachim II. Die Kurfürstin verletzte sich so schwer, dass sie zeitlebens auf Krücken angewiesen war. Wenn es stimmt, was man erzählte, soll sich die Unglückliche beim Fall an einem Hirsch-

Kurfürst Joachim II.

Kurfürstin Hedwig von Brandenburg

geweih aufgespießt haben. Wie sehr das Unglück den Fürsten betroffen machte, ist nicht überliefert. Sein Kummer könnte sich in Grenzen gehalten haben, denn zu jener Zeit galt Anna Sydow als die tatsächliche »Herrin über der Kurmark«. Joachim II. hatte die Schöne Gießerin, wie die attraktive Witwe eines Geschütz-Gießers genannt wurde, ganz offiziell zu seiner Mätresse erklären lassen. Das war moralisch so verwerflich nicht, wurden doch zu jener Zeit Herrscherehen in der Regel aus machtpolitischen Gründen geschlossen. Als Fontane in Alt Grimnitz, heute ein Teil von Joachimsthal, auftauchte, fand er anstelle der Burg einen Steinbruch vor. Seit den Zeiten von Friedrich dem Großen bediente man sich hier, um mit den Steinen Häuser und Chausseen zu bauen. Dabei war dieses Grimnitz einmal eine der größten und wichtigsten Burgen im nördlichen Brandenburg. Sie wurde zum Schutz gegen Überfälle aus Mecklenburg und Pommern gebaut und galt als Symbol von Macht und Stärke gegenüber der slawischen Bevölkerung. Bauherren waren Kurfürsten aus dem Haus Askanien, wahrscheinlich in der ersten Hälfte des 13. Jahrhunderts. Vor allem Markgraf Otto IV. mit den Pfeil erhob Grimnitz zu seiner Lieblingsburg. Es ist nicht ausgeschlossen, dass die mittelalterliche Miniatur, die Otto und sein Weib Heilwig beim Schachspielen zeigt, am Grimnitzsee entstand.

Der Hohenzollern-Fürst Joachim I., Schwiegervater der verunglückten Hedwig, modernisierte die Burg. Die Verteidigungsanlagen wurden verstärkt und mit Kanonen bestückt. Zu jener Zeit wurde hier ein wichtiges Dokument besiegelt, nämlich der Erbvertrag zwischen Brandenburg und Pommern.

Enkel Johann Georg machte aus der mittelalterlichen Burg ein Renaissanceschloss. Selbst Ende des 16. Jahrhunderts, als die Ritterzeit im Grunde längst vorbei war, fanden noch große

Markgraf Otto IV. beim Schachspiel

Turniere statt. Und von Grimnitz aus machten sich die Kurfürsten auf in die Schorfheide-Wälder, um Bären, Hirsche oder Wölfe zu jagen. Ein Abbildung vom Haus gibt es nicht, wohl aber eine Beschreibung aus dem Jahre 1598: »Das Schloss ist mit einem Graben umgeben und vorm Thore mit einer Zugbrücke verwahret. Intem vom Schloss steht ein neuer Marstall und vor demselben eine ziemlich große Hoff-Stube und oben etliche Gemächer.« Zu Joachim Georgs Gefolge gehörte Leibarzt Leonhard Thurneysser, ein Schweizer Alchimist, der sich im Schloss ein Labor einrichtete. Wahrscheinlich suchte auch er nach dem Stein des Weisen – und nach Möglichkeiten, aus unedlen Metallen Gold zu machen. Belegt ist aber, dass auf Thurneysser letztendlich die Glashütten in der Schorfheide zurückgehen. Lange Zeit nach Thurneysser galt Grimnitz als Zufluchtsort in Krisenzeiten. Immer dann, wenn die Stadt an der Spree von der Pest heimgesucht wurde, setzte sich die kurfürstliche Familie samt Hofstaat nach Grimnitz ab.

Im Dreißigjährigen Krieg wurde das Haus erheblich zerstört. Offenbar mehr provisorisch als auf Dauer instandgesetzt, diente es später dem Großen Kurfürsten als Quartier. 1663 ließ er das Schloss mit einem massiven Untergeschoss aus Stein und zwei Etagen aus Fachwerk versehen. Überraschenderweise ist auch Friedrich III., der 1701 als erster Hohenzollern-Fürst zu Königsehren gelangte, häufig hier gewesen. Zu diesem Zeitpunkt muss das Anwesen noch weitgehend intakt gewesen sein, denn der Monarch war bekannt für seine Vorliebe für Luxus und Eleganz. Als Friedrich Wilhem I. die Regentschaft übernimmt, kommt das Aus für Schloss. Unnachgiebig streicht er den Etat für die Hofhaltung zusammen. Einen Posten Grimnitz gibt es nicht mehr. Dem Soldatenkönig sind eine schlagkräftige Armee und ein ordentlicher Staatsschatz wichtiger als die Unterhaltung kaum genutzter Schlösser.

Viel ist nicht geblieben von der einstigen Größe der Burg Grimnitz. Gräben, Mauern, Fundamente und einige mittelalterliche Gewölbe, die als Ausstellungsräume genutzt werden. Vielleicht war in diesen Räumen auch Kanzler Nikolaus von Buch eingesperrt gewesen und musste hier einen qualvollen Hungertod erleiden. Ihn hatte Markgraf Waldemar, der letzte Fürst aus dem Askanier-Geschlecht, 1314 zur Kaiserwahl geschickt. Von Buch stimmt im Namen von Brandenburg für Ludwig den Bayern, was der empörte Markgraf für eine völlig falsche Entscheidung hielt und weshalb er den Kanzler nach dessen Rückkehr in den Kerker werfen ließ. Doch damit nicht genug. Der aufgebrachte Fürst befahl, dem Gefangenen täglich frische Äpfel vor das vergitterte Fenster zu legen, um so die Qualen noch zu steigern.

Und da wir schon bei Legenden sind: Es gibt da noch die Geschichte um das verschwundene Burgfräulein Hartmundis. Die Tochter eines Markgrafen soll noch lange Zeit nach ihrem Tod keine Ruhe gefunden haben. Am Tag der Hochzeit sei sie verschwunden, während eines Festessens nach der Trauung, während eines schon damals beliebten Verstecken-und-Suchen-Spiels – so erzählt es eine alte Sage. Hundert Jahre später machte man eine grauenvolle Entdeckung: Als »ein junger Markgraf aus einem neuen Geschlecht« das Haus umbauen ließ, fand man in einer schrankartigen Nische ein weibliches Skelett. Die Tote trug den gleichen Schmuck wie ihn auf einem alten Ölgemälde die abhanden gekommene Braut umgelegt hat. Das Versteck war durch ein starkes Schloss gesichert. Von innen hatte das Mädchen den Mechanismus nicht öffnen können. Also war sie »zusammengekauert im Hochzeitsschmuck gestorben und verdorben«, wie es recht drastisch in der Sage heißt. Mit dem »den jungen Markgraf aus neuem Geschlecht« könnte die Hohenzollern-Familie gemeint sein, die zu Beginn des 15. Jahrhunderts mit der Mark Brandenburg belehnt erhoben wurde. Und mit dem jungen Markgraf Joachim I., der bereits mit 17 Jahren regierte und die Burg umbauen ließ.

Der Soldatenkönig greift zur Feder

Groß Schönebeck

Über kaum einen anderen Hohenzollern-König – den Alten Fritz mal ausgenommen – werden so viele Anekdoten erzählt wie über Friedrich Wilhelm I. Der Soldatenkönig ist als unverbesserlicher Militarist und als Mann für grobe Scherze in die Geschichte eingegangen. Seine Vorliebe für die preußische Armee im Allgemeinen und für die berühmt-berüchtigten langen Kerls im Speziellen trugen zu diesem recht zweifelhaften Ruf bei. Dabei hielten sich seine militärischen Abenteuer eher in Grenzen. Doch auch nach fast 300 Jahren erinnert man sich noch recht gut an den Konflikt mit seinem Sohn Friedrich. Wie der König damals höchstpersönlich in die Justiz-Maschinerie eingriff und den Friedrich-Freund Katte hinrichten ließ. Hinreichend bekannt ist auch, dass der König sein Tabakskollegium zu Königs Wusterhausen in besonderem Maße liebte, diese feucht-fröhliche Männerrunde. Wenn sich Friedrich Wilhelm eine Auszeit genehmigte, dann widmete er sich in der Regel der Jagd. Neben dem Militär seine zweite große Leidenschaft. Immer wieder werden auch Aufenthalte in Groß Schönebeck erwähnt. Das Schlösschen am Rande der Schorfheide hatte sein Großvater errichten lassen, der Große Kurfürst. An genau jener Stelle, an der seit dem frühen 13. Jahrhundert eine Burg der Markgrafen stand, die den brandenburgischen Norden schützte. Ein Jagdhaus wird allerdings erst 1516 erwähnt, zu Zeiten von Kurfürst Joachim I. Dessen Sohn, auch ein Joachim und anno dazumal Kurprinz, soll in unmittelbarer Nähe ein lebensgefährliches

Jagd-Erlebnis widerfahren sein. Ein Bär fiel den jungen Mann an. Doch der Prinz hatte Glück, das Tier zerfetzte lediglich seine Kleidung und der hochadlige Jäger blieb unverletzt. Übrigens wird diese Episode gelegentlich auch in die Nähe des Schlosses Grimnitz verlegt – gut 20 Kilometer weiter.

Im Dreißigjährigen Krieg wurde Groß Schönebeck samt Jagdschloss zerstört und es war der Große Kurfürst, der sich um den Wiederaufbau kümmerte. Vom einstigen Schloss hatte nicht viel überlebt. Zu guter Letzt nahmen sich die Bauern des Anwesens an und nutzten die Ruine als Steinbruch. So stammt also mancher Stein in den Groß Schönebecker Wohnhäusern aus kurfürstlichem Besitz. Bei Lichte besehen war das Schloss ein recht bescheidenes Anwesen mit zwei Etagen mit drei Fenstern auf jeder Seite. Doch weil das Gebäude die anderen Häuschen des Dorfes überragte und es später Königen als Jagdhütte diente, nannte man es voller Respekt »Das Schloss«. Die Türmchen und Verzierungen wurden erst im 19. Jahrhundert aufgesetzt.

Hierhin zog sich im Dezember 1722 Friedrich Wilhelm I. zurück. Er ließ Soldaten Soldaten sein und statt sich vor seine langen Kerls zu stellen, stellte er sich an ein Schreibpult. Großes schwebte dem König vor: Der damals 32-jährige hatte sich nichts Geringeres vorgenommen, als seinem Land eine neue Finanz- und Verwaltungsstruktur zu geben. Um die Interessen von Staat und Heer unter einen Hut zu bringen, stampfte er das General-Ober-Finanz-Kriegs- und Domänendirektorium aus dem Boden. Dieses Generaldirektorium unterstand direkt dem König und hatte seinen Sitz im Berliner Stadtschloss. Auf regionaler Ebene gab es nun Kriegs- und Domänenkammern, in den Städten Steuerräte; Landräte hatten in den Kreisen das Sagen. Nach wie vor besaß der Adel Vorrang bei der Vergabe von Beamten- und Offiziersposten.

Friedrich Wilhelm I. von Preußen

Mit der Reform wurden erstmals feste Dienstzeiten eingeführt. Damit schuf der König gewissermaßen die Grundlagen für das bis heute belächelte preußische Beamtentum.

Noch zu Friedrich Wilhelms Zeiten müssen sich diese neuen Strukturen bewährt haben, denn als der König 1740 starb, hinterließ er seinem Sohn nicht nur ein gewaltiges und modernes Heer, sondern auch eine gut gefüllte Staatskasse. In der Folgezeit kamen allerdings immer seltener Hohenzollern-Fürsten nach Groß Schönebeck. Als dann Friedrich Wilhelm IV. auch noch das Jagdschloss Hubertusstock in Werbellinsee-Nähe errichten ließ, verlor das Anwesen ganz an Interesse. Ab 1853 wurde es an die zuständigen Oberförster als Dienstwohnung vermietet. Letzter prominenter Gast, so wird berichtet, soll Kaiser Wilhelm II. gewesen sein, damals noch Kronprinz. Bis Mitte der 1970er-Jahre lebten in dem Gebäude Mitarbeiter des Forstbetriebs, später diente es als Kulturhaus. Inzwischen ist im einstigen Jagdschloss der Hohenzollern-Fürsten das Schorfheide-Museum eingezogen. Dargestellt wird die Geschichte der Wald- und Forstwirtschaft in der Region zwischen Barnim und Uckermark, wobei die Jagd eine besondere Rolle spielt. Seit September 2006 ist auch eine Dauerausstellung über den Box-Weltmeister und begeisterten Jäger Max Schmeling zu sehen.

Eine weiße Frau und die Bilder der Cranachs

Berlin-Grunewald

Wenn es um die Geschichte des eigenen Hauses ging, verstanden die Hohenzollern nur wenig Spaß. Auch Wilhelm I. nicht. 1884 hatte der Kaiser den Weimaraner Großherzog zu einem Jagdausflug auf Schloss Grunewald westlich von Berlin eingeladen. Als der Gast aus Thüringen darum bat, einen Blick in das sagenumwitterte Wendeltreppen-Zimmer werfen zu dürfen, reagierte seine kaiserliche Majestät höchst ungnädig: Das Zimmer bleibe verschlossen. Das wäre schon bei seinen Vorfahren so gewesen und er sei nicht gewillt, das zu ändern!

Mit diesem Raum und der Wendeltreppe hat es eine besondere Bewandtnis: Dort soll es spuken. Seit fast 450 Jahren geistert eine weiße Frau um Mitternacht durch das Schloss. Es ist Anna Sydow, die nach ihrem Tod keine Ruhe finden kann. Anna, die Witwe eines Geschütz-Gießers und deshalb auch die schöne Gießerin genannt, war die Geliebte des Kurfürsten Joachim II. Viele Tage verbrachten die beiden im idyllischen Schlösschen am Grunewaldsee. Als Joachim 1571 starb, verschwand auch Anna Sydow für die Dienerschaft spurlos und somit unerklärlich. Und so könnte damals die Legende entstanden sein, dass man die arme Frau in der Wand des sogenannten Wendeltreppen-Zimmers eingemauert haben soll. Lebendigen Leibes – wie es heißt. Die historische Wahrheit ist allerdings weniger aufregend: Der neue Kurfürst, Johann Georg, ließ die langjährige Geliebte seines Vaters festnehmen und auf die Festung Spandau bringen. Dort starb Anna Sydow 1575.

Um die Sage zu entschärfen, entstand wohl dann die Version von der Kammerfrau, die sich den Zorn des Hofes zuzog und aus Neid oder Eifersucht einen qualvollen Tod sterben musste.

Noch lange will man auf Schloss Grunewald das Stöhnen der eingemauerten Frau und geheimnisvolle Schritte gehört haben. Unerklärliche Geräusche sind nicht außergewöhnlich für ein altes Gebäude – hölzerne Balken und Dielen sorgen oft für ein akustisches Eigenleben.

Schloss Grunewald kann auf das stolze Alter von fast einem halben Jahrtausend verweisen. Es ist das einzige Renaissanceschloss im Großraum Berlin. 1542 ließ Kurfürst Joachim II. den Grundstein für sein Schloss Zum Grünen Walde legen, aus dem im Laufe der Jahre Grunewald wurde. Es war nicht die einzige Jagdhütte, die Joachim zu bauen befahl. Auch in Köpenick, Grimnitz bei Joachimsthal und im heutigen Oranienburg entstanden solche Schlösschen. Die Jagdleidenschaft hatte für die Renaissancefürsten gute Gründe: Die Jagd war eine der wenigen Möglichkeiten, dem langatmigen Hofprotokoll zu entkommen.

Mit großer Wahrscheinlichkeit war es Caspar Theiss, den Joachim für den Schlossbau verpflichten konnte, da Theiss auch die Aufsicht über den Bau des Berliner Stadtschlosses hatte. Grunewald war übrigens einst ein Wasserschloss. Die breiten Gräben wurden erst 1709 zugschüttet. Damals sank der Grundwasserspiegel um knapp drei Meter. Für einige Unternehmer gewiss kein Grund zum Klagen, denn so konnte man die benachbarten Sumpfgebiete besser für den Abbau des begehrten Brennstoffs Torf nutzen. Die Anweisung zur Umgestaltung gab König Friedrich I. Dieser König ließ dann auch das Renaissanceschloss barockisieren. Der Grundriss blieb im Wesentlichen der Gleiche, das Innere wurde aber entsprechend des Zeitgeistes prächtig ausgestattet.

Kurfürst Joachim II.

Jagdschloss Grunewald 1788

Sohn Friedrich Wilhelm I., der Soldatenkönig, besuchte zwar ab und zu bei seinen Jagdausflügen Schloss Grunewald, längere Aufenthalte sind aber nicht bekannt. Seine Liebe galt bekanntermaßen Königs Wusterhausen. Und was Friedrich den Großen betrifft: Er ignorierte das Schloss nahezu völlig. Das hing wohl mit dem Desinteresse für die Jagd zusammen. Schon früh hatte er wissen lassen, dass die Jagd zwar ein Vergnügen sei, das den Leib stählt, aber den Geist bricht und ungepflegt lässt. Möglicherweise entsprach auch die künstlerische Ausgestaltung nicht den ästhetischen Anforderungen von Schöngeist Friedrich. Der Große König ließ allerdings das Jagdzeughaus errichten, ein Fachwerkhaus, das die Zeitenläufe überdauerte und in dem heute Interessierte mit der Jagd in Brandenburg und ihren Traditionen bekannt gemacht werden.

Jagdschloss Grunewald

Ursprünglich ließ auch König Friedrich Wilhelm III. das Schloss links liegen. Das Interesse des Hoherzollern-Fürsten nahm erst zu, als sich seine drei Söhne – Friedrich, Wilhelm und Carl – für die Jagd begeisterten. Es wird berichtet, dass hier von nun an ihr Vater häufig mit seiner zweiten Frau, Gräfin von Liegnitz, auftauchte. Besonders oft traf man sich im Schloss zu Familienfeiern. Der Ort hatte den Vorteil, dass man den Standesunterschied zwischen dem König und der Gräfin von Liegnitz nicht in der Öffentlichkeit zur Schau stellen musste. Nach dem Abdanken von Kaiser Wilhelm II. wurde das Schloss 1918 beschlagnahmt und später dem preußischen Staat übertragen. Seit 1932 wird es als Museum genutzt. Den Zweiten Weltkrieg überstand das Gebäude – von Plünderungen abgesehen – im Wesentlichen unbeschadet. 1949 wurde hier das erste Berliner Kunstmuseum der Nachkriegszeit

Jagdschloss Grunewald, Ansicht von Südosten, 1832

wiedereröffnet. Die Gemäldesammlung vereint ca. 100 Werke der deutschen Renaissance. Vor allem Arbeiten von Cranach-Vater und Cranach-Sohn, sowie Porträts der Hohenzollern-Familie sind zu sehen.

Ein besonderes Prachtstück ist ein Altar aus dem fränkischen Caldozburg, der aus der Zeit von Kurfürst Friedrich I., dem ersten Brandenburger aus dem Hause Hohenzollern stammt. Auf dem Altar taucht übrigens auch der märkische rote Adler zum ersten Mal im Zusammenhang mit dem Hohenzollern-Geschlecht auf.

Ein Stück Oberbayern in der Mark

Hubertusstock am Werbellinsee

Wenn die Hohenzollern nach Joachimsthal kamen, war das jedes Mal für den Landstrich ein gesellschaftliches Ereignis. Die Kinder bekamen in den allermeisten Fällen schulfrei und hatten sich am Kaiserbahnhof zur Begrüßung von Wilhelm II. und seiner Familie einzufinden. Diesen Haltepunkt an der Heidekraut-Bahn hatte der Landesvater bauen lassen, um so schnell wie möglich von Potsdam oder von Berlin zum Schloss Hubertusstock zu gelangen, seinem Jagdrevier in der Schorfheide am Werbellinsee. Selbst wenn einem bisher völlig unbekannt war, wer als Bauherr den ungewöhnlichen Bahnhof auf den Weg gebracht hat, so wird man schnell auf die richtige Spur gelenkt. Die Idee, einen märkischen Provinz-Bahnhof mit Drachenköpfen aus der skandinavischen Mythologie auszuschmücken, kam vom Kaiser persönlich. Seine ausgeprägte Vorliebe für nordische Kunst und Geschichte haben bekanntermaßen zeitlebens das Weltbild dieses Hohenzollern-Fürsten geprägt.

Nachdem die Kaiserfamilie per Sonderzug oder im Salonwagen in Joachimsthal eingetroffen war, ging es mit der Kutsche weiter zum Schloss Hubertusstock – begleitet von Hurra-Rufen der Schuljugend.

Nun ist schon viel darüber philosophiert worden, ob der Begriff Schloss für dieses Haus im oberbayrischen Landhausstil tatsächlich gerechtfertigt ist, und ob dieses Anwesen überhaupt in die märkischen Wälder passt. Das ist aber eine Diskussion um des

Kaisers Bart. Hubertusstock gibt es nun einmal und erfreut sich erwiesenermaßen seit Generationen des Wohlwollens hochkarätiger Gäste. König Friedrich Wilhelm IV. ließ das Herrenhaus zwischen 1847 und 1849 errichten – möglicherweise als Verbeugung vor seiner Ehefrau, einer bayrischen Prinzessin aus dem Hause Wittelsbach. Zu DDR-Zeiten war es eine Nobelherberge für Staatsgäste. Fidel Castro nächtigte hier und Leonid Breshnew frönte der Jagd. Auch Bayerns Ministerpräsident Franz Josef Strauß ließ es sich in der Schorfheide gut gehen. Hubertusstock war Schauplatz der innerdeutschen Verhandlungen zwischen Helmut Schmidt und Erich Honecker, nach der Wende öffnete in dem Gebäude ein Restaurant. Damals hatte man das Gefühl, halb Deutschland pilgere nach Hubertusstock. Doch seit einigen Jahren ist das Lokal wieder geschlossen und das Heer der Besucher ist enorm zurückgegangen. So richtig gemütlich war es allerdings nie im Speisehaus Hubertusstock, denn keiner der einstigen Hausherren hatte je mit einem öffentlichen Gaststättenbetrieb gerechnet. Die Schorfheide galt seit Jahrhunderten als bevorzugtes Jagdgebiet brandenburgischer Kurfürsten. Vor den Hohenzollern hatten hier schon die Askanierfürsten den Hirschen nachgestellt oder waren auf Bärenjagd gegangen. Obwohl der Bauherr von Hubertusstock nicht als passionierter Jäger in die Geschichte eingegangen ist, sondern ihm eher künstlerische Ambitionen nachgesagt werden, konnte auch er sich nicht den Hofjagden verschließen. Den Vogel schoss allerdings Kaiser Wilhelm II. ab. Nur wenig zu tun mit dem viel zitierten »edlen Waidmannstum« hatte die Jagdleidenschaft des letzten deutschen Kaisers. Wilhelm II. litt offenbar unter einem regelrechten Jagdtrauma. Majestät soll in seinem Leben nicht weniger als 78.330(!) Stück Wild erlegt haben. Schon der erste Wilhelm auf dem Kaiserthron hatte in diesem

Kaiserliche Familie um Wilhelm II. von Preußen

Sinne ein paar Takte vorgegeben, als er regelmäßig zu den sogenannten Hof- und Prunkjagden in die Schorfheide einlud. Auf der Teilnehmer-Liste vom Januar 1874 finden sich ganz besonders wohlklingende Namen: Neben dem Kaiser und dem Kronprinzen waren auch König Albert von Sachsen und Prinz Georg von Sachsen mit von der Partie, die Großherzöge von Mecklenburg-Strelitz und Sachsen-Weimar sowie Prinz Friedrich der Niederlande. Die Majestäten erlegten an diesem Tag 243 Stück Wild. Am 5. November 1881 feierte Wilhelm inmitten einer hochadligen Jagdgesellschaft den vermutlich größten waidmännischen Erfolg seines Lebens: Innerhalb einer Stunde starben 324 Tiere im Kugelhagel. Allein der Kaiser streckte 30 Tiere nieder – das heißt alle zwei Minuten eines. Der Vergleich mit einem modernen Schlachthaus liegt nahe. Ein gut ausgeschilderter Wanderweg führt von Schloss

Schloss Hubertusstock

Hubertusstock über knapp neun Kilometer durch ein besonderes Kapitel preußischer Jagdgeschichte. Gedenksteine erinnern an die waidmännischen Erfolge der Hohenzollern. Auf den hundertsten erlegten Hirsch macht ein Denkmal aufmerksam, ein anderes auf den 300. Ein Stein ist sogar einer Silbernen Hochzeit gewidmet. Und unter die sogenannte Königs-Eiche, inzwischen längst verschwunden, hatte im Oktober 1843 Friedrich Wilhelm IV. seine Gäste zu einem Imbiss eingeladen.

Und dann findet man einen Stein für Prinz Carl von Preußen, einem hirschgerechten Jäger, wie die Inschrift verrät. Den haben ihm drei Oberförster gesetzt, unter ihnen Forstmeister Balduin von Hövel. Hövel war es auch, der Kaiser Wilhelm von den beschriebenen Prunkjagden abbrachte. Ein Gedenkstein unmittelbar gegenüber von Schloss Hubertusstock wurde 1993 zum Andenken an den adligen Wildheger und Waldpfleger aufgestellt.

In den Schorfheide-Dörfern soll man sich tatsächlich gefreut haben, wenn der Kaiser zu seinen Jagdausflügen nach Hubertusstock kam, und nicht nur die Kinder wegen des schulfreien Tages. Noch viele Jahre später erzählten Waldarbeiter voller Ergriffenheit Enkeln und Urenkeln, wie Majestät mit ihnen am Feuer Kartoffeln geröstet und gegessen habe. Für die lokalen Honoratioren bedeuteten die Kaiserbesuche jedes Mal eine Aufwertung der Region. Beim Anblick eines der erwähnten Gedenksteine soll Wilhelm II. gegenüber seinem späteren Kanzler Bethmann-Hollweg voller gedanklicher Tiefe geäußert haben: »Na, den hat einer allein auch nicht hierher getragen.« Die damalige Presse nahm freudig die Worte des Landesvaters auf und schrieb: »Jedermann freute sich über die Einfachheit, Leutseligkeit und den Humor des Kaisers.«

Ein König und ein Kaiser als Denkmalschützer

Lehnin

Tief in die Tasche musste der Preußenkönig nicht greifen. Friedrich Wilhelm IV. konnte dieses altehrwürdige Backsteinhaus gewissermaßen zum Schrottwert kaufen. Das damals schon 500 Jahre alte Gebäude gehörte zum einstigen Zisterzienser-Kloster Lehnin im Havelland. Möglichweise hatte es einmal den Äbten als Wohnhaus gedient, wofür der Name Neues Abtshaus sprechen würde. Oder aber – und das ist wahrscheinlicher – war es im Mittelalter das Hospital der Mönche. Was den niedrigen Preis betrifft, so hatte das seinen guten Grund: Lehnin war in den Jahrhunderten nach der Reformation immer mehr zum Steinbruch geworden. So manches Haus im Ort und den umliegenden Dörfern wird noch heute von Steinen und Balken aus klösterlichem Besitz zusammengehalten.

Nun aber, in den 1850er-Jahren gab der König höchstpersönlich ein Zeichen für den Denkmalschutz. Erst einmal sicherte man das später nach ihm benannte Haus vor dem weiteren Verfall. Doch allzu oft konnte wohl der Monarch, der sich für alles Mittelalterliche begeisterte und deshalb auch belächelte wurde, kaum noch hierher gekommen sein. Eine schwere Gemütskrankheit stellte sich ein und setzte selbst kurzen Reisen enge Grenzen. Schon im Herbst 1858 musste er deswegen die Regentschaft seinem Bruder übertragen. Er verfiel mehr und mehr in geistige Umnachtung und starb am 2. Januar 1861. Auch sein Bruder Wilhelm I., der erste Hohenzollern-Fürst auf dem Kaiserthron, konnte sich

Kloster Lehnin

Kloster Lehnin

offenbar der Magie des ehemaligen Zisterzienser-Klosters Lehnin nicht entziehen. Nach dem deutsch-französischen Krieg (1870/71) ließ er die Klosterkirche und andere Gebäude von Grund auf restaurieren, als dank Pariser Reparationszahlungen wieder genug Geld in die Staatskasse geflossen war. Gewiss wurde damals nicht alles nach historischem Vorbild in Stand gesetzt. Und trotzdem: Diese Atmosphäre aus Romantik und Respekt vor dem Ästhetikbewusstsein unser Altvorderen beeindruckt noch immer die Besucher.

Natürlich ließ auch Theodor Fontane Lehnin nicht aus. Noch vor der Renovierung war der große Erzähler hier und lässt seine Leser wissen: »... der älteste Teil, der romanische, steht; der gotische Teil liegt in Trümmern.« Der Schriftsteller traf den sprichwörtlichen Nagel auf den Kopf, als er schrieb: »Der stattliche Mittelpunkt des Ganzen, die zahlreichen Giebel überragend, war und blieb die hohe Klosterkirche, deren mit Kupfer bedeckter Mittelturm dunkel bronzefarben in der Sonne glänzt. Die Kirche selbst war in ihrer Anlage nach eher schlicht als schön, mehr geräumig als prächtig, aber Leben und Sterben, Hoffnung und Bangen.« Baubeginn dürfte um 1190 gewesen sein. Doch die Arbeiten zogen sich hin und so wurde die Pfeilerbasilika erst 1270 offiziell geweiht.

Friedrich Wilhelm IV. von Preußen

Im Kircheninneren erinnert wenig an die Hohenzollern, abgesehen von einer Tafel anlässlich eines Friedrich-Wilhelm-IV-Besuches. Mehrnoch wird auf die Kurfürsten aus dem Hause Askanien aufmerksam gemacht. Otto I., Sohn des legendären Albrecht, genannt der Bär, hatte um 1180 den Zisterzienser-Orden ins Land gerufen und das Kloster gestiftet. Auch als Grablege für die Familie – elf Fürsten sollen hier ihre letzte Ruhestätte gefunden haben. Ein gut erhaltenes Grabmal ist Otto VI. gewidmet. Der hatte allen weltlichen Freuden entsagt, war Mönch geworden und hinter den Lehniner Klostermauern gestorben. Auch drei Kurfürsten aus der Hohenzollern-Dynastie wurden hier bestattet, bis dieses Fürsten-Trio dann im Berliner Dom seine letzte Ruhestätte fand.

Dass das Klosterleben durchaus lebensgefährlich sein konnte, zeigt ein recht altes Gemälde, auf dem ein Mord dargestellt wird. Aufgebrachte heidnische Slawen erschlagen Abt Seibold, den ersten Abt des Klosters. Die Legende macht ein Missverständnis für die Bluttat verantwortlich. Als sich nämlich der Geistliche in einem Fischerhaus auf einem umgestülpten Bachtrog ausruhte, unter dem sich eine Frau versteckt hielt, überbrachte ein Kind dem Ehemann der Frau die zweideutige Nachricht: »Der Abt sitzt auf der Mutter.« Eine aufgebrachte Menge schlug daraufhin den Ordensmann tot. Die Abt-Seibold-Sage dürfte aber durchaus auch als Beleg dafür gelten, dass sich die Christianisierung zwischen Elbe und Havel nicht problemlos vollzog.

Lehnin war nicht nur das älteste, sondern auch das reichste Kloster der Mark Brandenburg. Ihm gehörten 39 Dörfer und 54 Seen, dazu kamen die Stadt Werder, Mühlen und Weinberge. Die Reformation bedeutete das Aus für das Kloster. Dabei hatte sich Kurfürst Joachim I. noch mit allen Mitteln geweigert, zum Lutherischen Glaubensbekenntnis zu wechseln. Der Lehniner Abt Valerian stärkte ihm dabei den Rücken. Das Vertrauensverhältnis zwischen beiden ging so weit, dass Joachim den Abt »meinen Gevatter« nannte und ihn zum Taufzeugen für seinen Sohn Johann auswählte, den späteren Markgrafen von Brandenburg-Küstrin. Doch das Vermächtnis des Vaters ließ seinen Nachfolger kalt. Kurfürst Joachim II. wurde Protestant und machte 1542 aus dem Kloster ein Domänen-Amt, also eine Versorgungseinrichtung für die Herrscherfamilie.

Vom Großen Kurfürst wird später berichtet, dass er von Zeit zu Zeit von Lehnin aus zu Jagdausflügen aufbrach. Seine erste Frau Luise Henriette, eine Prinzessin aus dem Hause Nassau-Oranien, hielt sich in den Sommermonaten regelmäßig hier auf. 1911 erwarb die evangelische Kirche das Anwesen. Zum Andenken an die Kurfürstin trägt die Einrichtung den Namen Luise-Henrietten-Stift. Heute gehören zu der diakonischen Einrichtung unter anderem ein Krankenhaus, ein Hospiz sowie eine Krankenpfleger-Schule.

Mit Lehnin verbindet sich aber auch eine spirituelle Sensation.

Seit Ende des 17. Jahrhunderts feiert nämlich die sogenannte Vaticinium Lehninense in regelmäßigen Abständen hier eine Neuauflage. Eine Urkunde, angeblich 1306 von einem Mönch namens Hermann verfasst, sagt den Niedergang des Hauses Hohenzollern voraus. Bis zum Tode des Großen Kurfürsten stimmen die Sterbedaten der Weissagung mit denen des Fürstenhauses tatsächlich überein. Doch das muss nicht verwundern, denn erst kurz nach dem Tod des Großen Kurfürsten gelangte das Dokument an die Öffentlichkeit. Würde man aber der Auflistung weiter folgen, wäre mit Friedrich Wilhelm III. (1770 bis 1840) das Herrscherhaus erloschen.

Die Spielwiese eines Kronprinzen

Königs Wusterhausen

Auch für den Sohn eines Kurfürsten war so ein Geschenk nicht alltäglich: Weihnachten 1698 legte Friedrich III. seinem Sprössling Friedrich Wilhelm die Herrschaft Wusterhausen samt des bescheidenen Schlösschens Wendisch Wusterhausen auf den Gabentisch. Der Ort soll das ärmste Dorf in der ganzen Umgebung gewesen sein. Gerade mal zehn armselige Katen drängten sich um das Anwesen am Ufer der Notte. Und wenn dort 200 Menschen lebten, war das schon recht hoch gegriffen. Zu diesem Zeitpunkt befand sich das Haus gerade einmal ein Vierteljahrhundert im Besitz der Familie Hohenzollern. Zuvor hatten hier lange die Schenken von Landsberg das Sagen, die von Teupitz aus ihr Land regierten. Davor waren die von Schlieben in Wusterhausen ansässig, eine berüchtigte Raubritter- Dynastie, die dem Landstrich den Namen Diebswinkel einbrachte.

Nun war also der 10-jährige Kurprinz Schlossherr. Ungestört konnte der Junge hier seine Vorlieben für alles Militärische ausleben. Erst waren es Kadetten, die zu parieren hatten, dann drillte er die Soldaten seiner Leibkompanie. Friedrich Wilhelm exerzierte höchstpersönlich mit den langen Kerls, mit diesen hochgewachsenen Grenadieren, die zwar Respekt einflößend aussahen, in einer Schlacht aber eher bedeutungslos waren.

Obwohl der Kurprinz – nach der Königskrönung seines Vaters war er zum Kronprinzen aufgestiegen – Luxus verachtete, ließ er 1717/18 das Anwesen in Königs Wusterhausen umbauen.

Vor allem das Innere wurde modernisiert. Aus dem festen Haus, das im 16. Jahrhundert für viele Adelshöfe typisch war, entstand ein Jagdschloss von allerdings vergleichsweise bescheidenen Ausmaßen. Auch als er als Friedrich Wilhelm I. den Berliner Thron bestieg, blieb Wusterhausen sein Lieblingsschloss. Alljährlich, von Ende August bis in den November hinein, war er samt Familie hier zu finden. Damals entstand auch der Name Königs Wusterhausen.

Als Theodor Fontane 130 Jahre später hierher kam, hielt sich seine Begeisterung in Grenzen: »Es ist gewiß ein ziemlich häßliches Gebäude, aber doch noch mehr originell als häßlich und in seiner Apartheit nicht ohne Interesse.«

Auch Prinzessin Wilhelmine, Tochter des Soldatenkönigs, war alles andere als begeistert: »In Berlin oder Potsdam konnte sich die Familie wenigsten aus dem Wege gehen. Im kleinen Wusterhausen war das unmöglich.« In ihren Erinnerungen schreibt die künftige Markgräfin von Bayreuth: »Meine Schwester Charlotte (später Herzogin von Braunschweig) und ich hatten für uns und für unser ganzes Gefolge nur zwei Zimmer oder vielmehr zwei Dachstübchen. Wie das Wetter auch sein mochte, wir aßen zu Mittag immer im Freien unter einem Zelte, das unter einer großen Linde aufgeschlagen war. Bei starkem Regen saßen wir bis an die Waden im Wasser, weil der Platz vertieft war ...« Ihr Kommentar ist kurz und unmissverständlich: »In Berlin hatte ich das Fegefeuer, in Wusterhausen aber die Hölle zu ertragen.«

Was für die Prinzessin zutraf, galt noch mehr für Kronprinz Fritz, der als Friedrich der Große einmal europäische Politik machen sollte. Der Thronfolger konnte sich in Wusterhausen kaum der Aufsicht und damit den Schikanen des Vaters entziehen. Ein besonderes Greul waren dem Jungen die abendlichen Tabakskollegien. Dazu versammelte der König zwei Dutzend hohe Offiziere

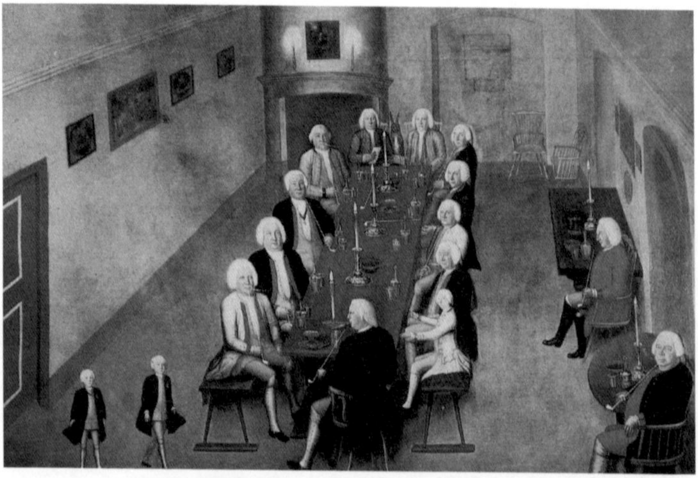

Tabakskollegium mit Friedrich Wilhelm I. von Preußen

um sich, dazu stießen gelegentlich Wissenschaftler und Diplomaten. Debattiert wurde über Tagespolitik, Wirtschaft und Religion. Dazu flossen riesige Mengen Bier. Als Friedrich Wilhelm I. starb, erbte sein Sohn August Wilhelm das Schloss. Der allerdings hält sich hier nur selten auf. Aufgaben am Hof und in der Armee sowie seine Residenz Oranienburg ließen das nur recht begrenzt zu. Und nach dessen Tod fiel Königs Wusterhausen an Friedrich den Großen, der offenbar wenig Interesse am Schauplatz düsterer Kindheitsjahre hat und den Besitz, Besitz sein lässt. Sowohl kunsthistorisch als auch philosophisch passte Wusterhausen nicht in sein Weltbild. Das erkannte auch Brandenburg-Wanderer Fontane: »Ein prächtiger Platz für einen Weidmann und eine starke Natur, aber freilich ein schlimmer Platz für ästhetischen Sinn und einen weiblichen esprit fort (Freigeist – d.A.).« Erst im 19. Jahrhundert erinnerte man sich wieder am Hohenzollern-Hof an die einstige Nebenresidenz südlich von Berlin. Wieder wurde moder-

Schloss Königs Wusterhausen

nisiert und umgebaut. Die Ansprüche an ein Jagdschloss waren nicht mehr dieselben wie aus Zeiten des Soldatenkönigs. Die letzte große Hofjagd fand im Herbst 1913 statt.

Nach dem ersten Weltkrieg und dem Sturz der Monarchie wurde das Schloss ein Museum, nach dem Zweiten Weltkrieg nutzte die Sowjetarmee den Gebäude-Komplex, 1964 zog dort die Kreisverwaltung ein.

In den 1990er-Jahren wurden das Schloss und der Park saniert und restauriert. Seit Herbst 2000 ist das Bau-Ensemble wieder für die Öffentlichkeit zugänglich. Ein Museum informiert über die Zeit des »Soldatenkönigs«.

Ein Barockschloss wird zum Gefängnis

Berlin-Köpenick

Der greise General muss fassungslos gewesen sein. Sein König und alleroberster Kriegsherr hatte ihm offensichtlich das Vertrauen entzogen, ihn zutiefst gedemütigt. Und das alles auf seine alten Tage. Es müsste der letzte Oktobertag 1730 gewesen sein. Gerade war ein Bote auf Schloss Köpenick eingetroffen und hatte Generalleutnant Graf Achaz von der Schulenburg eine Depesche überbracht, von seiner Majestät höchstpersönlich. Friedrich Wilhelm I. ließ kein gutes Haar an dem Urteil, dass ein Kriegsgericht über den Freund des Kronprinzen, Hans Hermann von Katte, gefällt hatte. Der Preußenkönig hatte sich nicht einmal die Zeit genommen, seinen Zorn einem Schreiber in die Feder zu diktieren. Wütend schickte er das Urteil zurück. Nicht ohne vorher an den Rand geschrieben zu haben: »Sie sollen Recht sprechen und nicht mit dem Flederwisch drübergehen. Das Kriegsgericht soll wieder zusammenkommen und anders sprechen.«

Das erwähnte Kriegsgericht – drei Generäle und zwölf Offiziere unter Leitung von Graf Schulenburg – hatte mehrere Tage auf Schloss Köpenick zusammengesessen und über ein angemessenes Urteil in einem ungewöhnlichen Fall von Fahnenflucht beraten. Es ging um den Kronprinzen, der später als Friedrich der Große in die Geschichte eingehen sollte, und seine Helfershelfer, allesamt junge, adlige Offiziere. Vor allem aber ging es um Katte. Das Gericht machte es sich nicht leicht und am Ende gelangte man zu der Auffassung, dass ein Kronprinz nicht in die Kompetenz der Militärrichter falle und dass für Katte lebenslanger Kerker angemessen sei. Eine Entscheidung, die der König nicht gelten ließ. Wieder tagte das Kriegsgericht im Wappensaal des Köpenicker Schlosses. Man blieb bei der Entscheidung: Lebenslang für den Freund und Fluchthelfer des Kronprinzen.

Da griff der König selbst in das Gerichtsverfahren ein. Am 1. November gab er die schriftliche Order, dass Katte »mit dem Schwert vom Leben zum Tode gebracht werden solle. Wenn das Kriegsrecht dem Katten die Sentence publicirt, soll ihm gesagt werden, daß es Sr. K.M. leid thäde, es wäre aber besser, daß er stürbe, als daß die Justiz aus der Welt käme ...« Am 6. November 1730 wird Katte in der Festung Küstrin hingerichtet – vor den Augen des Thronfolgers.

Das Schloss Köpenick, in dem die Militärrichter im Fall Katte zu entscheiden hatten, war ein Uralt-Anwesen der Hohenzollern. Als ihnen die Mark Brandenburg Anfang des 15. Jahrhunderts zufiel, nahmen sie wohl auch die Burg in der Nähe des Zusammenflusses von Spree und Dahme in Besitz. Schon lange zuvor diente die Burg Markgraf Albrecht, genannt der Bär, und seinen Nachkommen aus dem Hause Askanien als Grenzfeste. Die Chronik reicht allerdings noch weiter zurück. Als Mitte des 7. Jahrhunderts slawische Stämme ins heutige Land Brandenburg einrückten, fanden sie den Platz auf der Insel für eine Burg besonders geeignet. Im Laufe der Zeit wurde daraus ein slawischer Fürstenhof. Der Name des letzten Burgherren ist überliefert: Jaxö oder Jaczo von Köpenick, um den es ein ganzes Geflecht von Legenden gibt. Die bekannteste Sage berichtet, wie er sich in der Nähe von Spandau vor Verfolgung über die Havel retten konnte und zum Dank zum Christentum übertrat. Er muss einer der wenigen slawischen Hochadligen gewesen sein, die der deutschen Besiedlung

Schloss Köpenick

ernsthaften Widerstand entgegengesetzt hatten. Am Ende war er dann doch erfolglos. Erst musste er Brandenburg an der Havel aufgeben, dann Köpenick.

1558 macht Joachim II. aus der mittelalterlichen Burg ein Renaissanceschloss. Von hier aus brachen die Hohenzollern und ihr Hofstaat immer wieder zu Jagdausflügen in die Wälder um den Müggelsee auf. Joachim selbst starb 1571 in Köpenick – auch auf der Jagd. Auf Wölfe sollte es gehen, als ihn der Tod ereilte. Im Dreißigjährigen Krieg richtete Schwedenkönig Gustav Adolf auf der Schlossinsel sein Hauptquartier ein. Er bestellte den brandenburgischen Kurfürsten, seinen Schwager Georg Wilhelm, zu Verhandlungen nach Köpenick, um ihn als aktiven Bündnispartner zu gewinnen. Vergeblich, wie es sich zeigte. Brandenburg wurde zum Spielball der europäischen Mächte und litt ganz besonders unter dem blutigen Hauen und Stechen.

Das Joachim'sche Renaissanceschloss war der Vorgänger der

heutigen Anlage. Das 3-geschossige Gebäude, in dem später das erwähnte Militärgericht tagte, entstand zwischen 1678 und 1690. Gebaut wurde es für König Friedrich I., damals noch Kurprinz. Den Auftrag erhielt der Niederländer Rutger von Langevelt, dann baute Johann Arnold Nering weiter. Nering ist auch Baumeister der Köpenicker Schlosskapelle. Noch vor der Fertigstellung – etwa um 1680 – bezogen Friedrich und Gemahlin Elisabeth Henriette, eine geborene Prinzessin Hessen-Kassel, das Haus. Als aus dem Kurprinzen ein Kurfürst wurde, gingen die Arbeiten nur noch schleppend voran. Manches blieb unvollendet. Von der Bauwut des Fürsten profitierte nunmehr Berlin. Nur noch selten kam Friedrich nach Köpenick. Zu viele schmerzliche Erinnerungen an die erste Ehefrau, mit der er hier glückliche Stunden verbrachte, hätten Majestät von der Reise abgehalten, wollen später Hofchronisten wissen. Unter der Leitung von Nering entstand eines der schönsten barocken Schloss-Ensembles in ganz Brandenburg. Ein architektonisches Kleinod, das Soldatenkönig Friedrich Wilhelm I. nicht einmal in Ansätzen zu schätzen wusste. Selbst der kunstsinnige Friedrich II. hatte mit Köpenick wenig im Sinn und deshalb wurde das Schloss von ihm weitgehend ignoriert. Ihm lagen Berlin und natürlich Potsdam viel mehr am Herzen. Das Schloss wird immer wieder von der Hohenzollern-Familie als Witwensitz genutzt. Anfang des 19. Jahrhunderts erwarb ein Graf Schmettau das Anwesen. Lange konnte sich allerdings der General und Kartograf seines Besitzes nicht erfreuen. 1806 wird er in der Doppelschlacht von Jena-Auerstädt tödlich verwundet.

Nach den Kriegen gegen Napoleon kommt das endgültige Aus für Köpenick als Fürstenherberge. Die Insel diente als Depot für Militär-Fuhrwerke, das Schloss wurde Verwaltungssitz.

Es sollte aber noch schlimmer kommen. 1832 informierte ein

repräsentativer Kunstband die gelehrte Welt: Das Schloss »hat in den neuesten Tagen dadurch eine historische Bedeutsamkeit erhalten, dass es eine Zeit lang zur Aufbewahrung der, in die politischen Umtriebe verwickelte jungen Menschen, diente.« Aus dem barocken Kleinod war also ein Gefängnis geworden für die Opfer der sogenannten Demagogen-Verfolgung. Von 1851 bis 1926 wurden im Schloss auf der Insel Volksschullehrer ausgebildet.

Seit Frühjahr 2004 gehört Schloss Köpenick zum Kunstgewerbemuseum. Gezeigt wird Raumkunst aus Renaissance, Barock und Rokoko.

Das Atelier eines Königs

Kossenblatt

Es soll bei einem Jagdausflug gewesen sein, währenddessen dem Soldatenkönig Schloss Kossenblatt ins Auge stach. Ein attraktives Barockschloss – etwa ein Dutzend Kilometer südwestlich von der ostbrandenburgischen Kleinstadt Beeskow gelegen. Oder wie man anno 1735 rechnete – eineinhalb preußische Meilen entfernt. Friedrich Wilhelm I. schien sich offenbar sofort über beide Ohren in das reizvolle Anwesen auf einer Spree-Insel verliebt zu haben. Dabei ist die Abneigung dieses Hohenzollern-Fürsten gegenüber Luxus im Allgemeinen und Schlössern im Speziellen hinlänglich bekannt. Majestät wies seine Beamten an, unverzüglich mit dem Besitzer Verkaufsverhandlungen aufzunehmen. Doch Reichsgraf Carl Friedrich Ludwig von Barfuß dachte gar nicht daran, den Familienbesitz zu veräußern. Sein Vater, ein legendärer General genannt der Türkenbezwinger, hatte mit dem Schlossbau begonnen und seine Mutter, eine geborene Eleonore Gräfin Dönhoff, hatte das Gebäude vollenden lassen. Weil der Graf um die sprichwörtlich krankhafte Sparsamkeit des Königs wusste, verlangte er die gewiss überzogene Summe von 180 000 Talern. Doch Barfuß hatte sich verrechnet. 125 000 – so Majestät – seien genug. Basta!

Barfuß tat gut daran, das Angebot anzunehmen. In Rechtssachen war Friedrich Wilhelm, wie das Todesurteil für Katte deutlich machte, unberechenbar. 1736 wurde der Kaufvertrag geschlossen. Gleich danach überschrieb der Hohenzollern-König die Herrschaft Kossenblatt seinem Sohn August Wilhelm. Ob sich der Prinz allerdings tatsächlich über längere Zeit auf Kossenblatt aufhielt, ist eher zu bezweifeln. Wenn er nämlich nicht am Hof zu Berlin und Potsdam zu finden war oder in der Garnison Spandau, dann bevorzugte er Schloss Oranienburg. Einen Großteil seiner Zeit verbrachte er als General seines Bruders Friedrich II. auf den Schlachtfeldern der Schlesischen Kriege und des Siebenjährigen Krieges. Das Monogramm A.G. für August Friedrich ist immer noch an der Fassade zu lesen.

Erworben hatte Friedrich Wilhelm allerdings ein Spukschloss – und der Spuk hatte nicht einmal seine Wurzeln im tiefsten Mittelalter, sondern war jüngeren Datums. Die erwähnte Schlossherrin Eleonore war ihrem Sohn nämlich nicht grün. Vor allem gönnte sie ihm nicht das anstehende Erbe. Also ließ sie einen niederländischen Baumeiser anwerben, der ihr einen Keller unter den Gewölben anzulegen hatte. Der Sage zufolge wurden dort Gold, Silber und Edelsteine eingemauert. Der Niederländer hatte zu schwören, nie und nimmer etwas über das Versteck auszuplaudern. Am Ende traute die Gräfin dem Mann wohl doch nicht über den Weg, denn sie ließ ihn ermorden. So behauptet es jedenfalls die Überlieferung. Mehr noch: Die kostbaren Möbel und Gemälde sollten dem jungen Grafen ebenfalls nicht in die Hände fallen. Die alte Frau ließ das Schloss ausräumen und auf dem Schlosshof einen riesigen Scheiterhaufen errichten und in Brand setzen. Als alles zu Asche verbrannt war, hatte auch die alte Dame ihr Leben ausgehaucht. Im Rollstuhl ist sie gestorben, den Blick starr auf das Feuer gerichtet.

Ihre Seele sollte aber nie mehr zur Ruhe kommen. Die Mörderin musste nun – es gibt mehrere Versionen – als weiße oder als schwarze Frau im Kellergewölbe umhergeistern. Das alles soll sich aber erst 1728 ereignet haben.

Friedrich Wilhelm I. von Preußen

Ursprünglich hatte Friedrich Wilhelm daran gedacht, sich Kossenblatt als Alterssitz herzurichten, obwohl ein Thronverzicht zugunsten des Sohnes eigentlich kaum vorstellbar war. Zwischen 1736 und 1739 war der König jeden Sommer und Herbst mehrere Wochen lang auf Kossenblatt, und das vor allem zum Malen. Theodor Fontane fand 125 Jahre später noch mehr als 40 Gemälde des Königs an den Wänden. Sie tragen den Schriftzug In tormentis pinxit – unter Schmerzen gemalt. Schon schwer gichtkrank konnte sich Friedrich Wilhelm kaum noch aus dem Rollstuhl erheben; er musste in den Park gefahren werden.

Und eine zweite Marotte des Königs machte der Dichter bei seinem Besuch in Kossenblatt aus: Wie der Landesvater mit den Dorfpfarrern umging. Weil der König mit der Predigt des Geistlichen völlig unzufrieden war, hatte er den völlig eingeschüchterten Dorfgeistlichen nach Berlin befohlen und erneut predigen lassen. Ein Schicksal, das sich andere evangelische Pastoren auch gefallen lassen mussten. Den Pfarrer von Rheinsberg hat sich der König so zur Brust genommen, dass der gute Mann kurz danach an Herzversagen verstarb.

Vom Schloss selbst ist Brandenburg-Wanderer Fontane alles andere als begeistert: »Es wirkt im Näherkommen nicht ungüstig und erst die Rückseite des Baus zeigt uns seine Schwächen, zu lange Flügel und einen zu schmalen Schlosshof … Der Eindruck, den es in seinem Inneren macht, ist der des Stattlichen, aber zugleich der höchsten Trübseligkeit. Es ist ein imposantes Nichts, eine würdevolle Lehre (Leere – d. A.) – die Dimension eines Schlosses und die Nüchternheit einer Kaserne.«

Ein Königsschloss ohne König, so beklagte ein anderer Schriftsteller – Günter de Bruyn – zu Beginn der 1990er-Jahre. Und tatsächlich schien nach Friedrich Wilhelm I. keiner der Preußenkö-

Schloss Kossenblatt

nige den Weg nach Kossenblatt gefunden zu haben. De Bruyn hat einen Stein aufgespürt, einen Findling aus den Zeiten nach den Hohenzollern. Er erinnert an die tragischen Ereignisse um den Gutspächter Emil Buchholtz. Um den über und über verschuldeten Hof und sich selbst zu retten, hatte Buchholtz offenbar 1877 auf dem Gut Feuer gelegt. Eine strohgedeckte Kate brannte nieder. Die Versicherung vermutete Brandstiftung und verweigerte die Auszahlung der Schadenssumme. Ein Gericht in Frankfurt/Oder bestätigte diesen Sachverhalt. Die Rache des Verurteilten war grausam. Aus dem Hinterhalt erschoss er einen der Zeugen und verletzte zwei weitere. Dann nahm er sich selbst das Leben.

Jagdschloss, Lustschloss, Prinzenresidenz

Oranienburg

Es muss ein Schock für Luise Henriette gewesen sein, was die junge Kurfürstin von Brandenburg im Sommer 1650 zu sehen bekam. Es war mit nichts aus ihrem bisherigen Leben zu vergleichen. Möglicherweise war sie auf das Schlimmste gefasst gewesen, doch so schlimm hatte sie sich die Hinterlassenschaften des Dreißigjährigen Krieges gewiss nicht vorgestellt. Es gab kaum einen Ort ohne Zerstörungen. Vor allem aber hatten unzählige Menschen die Dörfer und Städte zwischen Elbe und Oder verlassen. Geisterstädte und Ruinenfelder – das war zu jener Zeit die Visitenkarte der Mark Brandenburg.

Bützow, das heutige Oranienburg, machte da keine Ausnahme. Gewiss, das Leben in dem Havel-Städtchen war auch vor dem Krieg nie besonders aufregend gewesen. Und mit dem, was das ortsansässige Handwerk oder was die Bauern auf den Markt brachten, ließ sich auch kein Staat machen. Selbst die kurfürstliche Familie nutzte das Schloss eher selten, sie reiste lediglich zu Jagdausflügen an. Aber im Gegensatz zum Nachkriegs-Oranienburg hatte es hier vor 1618 so etwas wie ein gesellschaftliches Leben gegeben.

An jenem Sommertag 1650 unternahm Luise Henriette an der Seite ihres Ehemannes Friedrich Wilhelm einen Ausflug in die Gegend nördlich von Berlin. Vielleicht war es auch eine Vor-Ort-Inspektion, auf der sie ihn begleitete. Trotz aller Zerstörungen, auf die die beiden auf Schritt und Tritt stießen, wurde offenbar die Fürstin durch die Landschaft an ihre einstige Heimat erin-

Kurfürst Friedrich Wilhelm und Luise Henriette von Nassau-Oranien

nert. Luise Henriette war in den Niederlanden aufgewachsen. Ihre Familie, die Oranier aus der Nassauer Linie, gehörte zu den einflussreichen hochadligen Dynastien in Europa. Es könnte durchaus sein, dass die gemächlich dahinfließende Havel und das ebene Land die Fürstin für sich einnahmen. Jedenfalls bat sie ihren Mann, ihr das Schloss Bützow, die Stadt und die umliegenden Dörfer zu überlassen. Einer Bitte, der Friedrich Wilhelm schnell nachkam. Es war keine Überraschung, als die Fürstin das

Schloss Oranienburg

alte Renaissanceschloss abtragen ließ, da es noch aus der Mitte des 16. Jahrhunderts stammte. Kurfürst Joachim II. hatte es errichten lassen. Dem war die alte 350 Jahre alte Wasserburg zu eng und ungemütlich geworden. Mit dem Neubau lag Joachim voll im Trend. Gegen Ende des Mittelalters und mit Beginn der Neuzeit wurden immer mehr Burgen verlassen oder zu Schlössern umgestaltet. Die Verteidigungsfunktion spielte nur noch eine untergeordnete Rolle. Dagegen wuchs das Bedürfnis nach Repräsentation. Das neue Schloss an der Havel war nur eines von etwa einem Dutzend Jagdhütten des als besonders prunksüchtig berüchtigten Joachim.

Hundert Jahre später konnte sich Luise Henriette als Bauherrin profilieren. Sie ließ ein wesentlich größeres Schloss in Anlehnung an Bauformen ihrer holländischen Heimat errichten. Oranienburg ist das erste Barockschloss in Brandenburg überhaupt.

Die Kurfürstin und ihre Familie nutzten das Schloss als so-

Eingang zum Schlosspark Oranienburg

genanntes Lustschloss vorwiegend in den Sommermonaten. Für die Arbeiten verpflichtete sie die Baumeister Johann Georg Memhardt und Michael Matthias Smids. Viele der Handwerker wurden ebenfalls aus Holland geholt. Doch was kaum jemand für möglich gehalten hatte: Die Frau aus hochadligem Hause nahm auch die Ökonomie in ihre Hände. So entstanden Meiereien – Muster-Bauernhöfe, in denen Fleisch und vor allem Milch weiter verarbeitet wurden. Die Kurfürstin ließ das Wegenetz ausbauen, Gemüsegärten anlegen und Dorfkrüge eröffnen. Sie siedelte Auswanderer aus Holland an, ebenso wie Auswanderer aus der Pfalz oder aus anderen deutschen Fürstentümern. Und sie sagte dem Schlendrian den Kampf an. Theodor Fontane stöberte einen Brief vom 27. April 1657 auf, in dem die Kurfürstin ihren Oranienburger Beamten unmissverständlich vorwirft, dass, wenn »in allen Gärten nicht soviel Hopfen gewonnen werde, wie zum Brauen erforderlich, daran nichts als eine schändliche Faulheit die Schuld sein könne …!« Eine Kurfürstin war somit zur Unternehmerin geworden. Im Grunde genommen eine frühkapitalistische Groß-Agrarierin, die mit mehr oder weniger Erfolg ihren Untertanen die Erfordernisse des Marktes nahebrachte. Alles in allem führten diese Musterwirtschaften nach holländischen Vorbild in der Oberhavel-Gegend zu einem, wenn auch bescheidenen Wohlstand. 200 Jahre später dankten ihr dafür die Oranienburger mit einem Denkmal, das heute vor dem Schloss steht.

Als die Kurfürstin 1667 starb, ging das Anwesen an ihren Sohn Friedrich über. Der Kurprinz, der als Friedrich I. als erster Hohenzollern-Fürst zu Königsehren kam, machte aus dem Barockschloss einen ausgesprochenen Prunkbau. Um an die Verdienste seiner Mutter zu erinnern, wie er selbst sagte. Um gegen seine Stiefmutter zu opponieren, wie man am Berliner Hof wissen wollte. Es ist anzunehmen, dass Friedrich vorhatte, Oranienburg zu seiner Zweit- oder Dritt-Residenz zu machen. Doch diese Pläne änderten sich, als sich seine Bauwut auf Berlin konzentrierte. Streng genommen entstand damals in Oranienburg ein völlig neues Schloss. Das Anwesen erhielt zwischen 1688 und 1695 im Wesentlichen seine heutige Form, und auch der Park wurde in dieser Zeit angelegt. Nach Friedrichs Tod strich dessen Vater, der Soldatenkönig Friedrich Wilhelm I., radikal die Mittel für den Unterhalt der Schlösser zusammen. Mehr noch, im Park von Oranienburg wurden Gebäude abgebrochen und die Steine als Baumaterial verkauft. Sogar die eisernen Wasserrohre für die Springbrunnen grub man aus. Sie wurden auf Lastkähne verladen und nach Stettin verschifft. Erst 1744 zog wieder Leben in das Schloss ein. Friedrich II. belehnte mit dem Anwesen seinen nächstgeborenen Bruder August Wilhelm. Der Prinz von Preußen, so der offizielle Titel, bewohnte aber nur einen kleinen Teil des Schlosses. Meist hielt er sich als Kommandeur einer Division in Spandau auf, musste am Hof repräsentieren oder er war bei den Feldzügen seines Bruders dabei. Bis Juni 1757. Nach der verlorenen Schlacht bei Kolin verliert August Wilhelm das Vertrauen des Königs. Einsam und enttäuscht stirbt er nach schwerer Krankheit ein Jahr später in Oranienburg. »Auf ein Jahrhundert Glanz und lachender Farben folgte ein anderes voll Öde und Verwahrlosung ..., der Königsmantel ist ein Bürgerrock geworden«, heißt es wehmütig bei Fontane. 1802 wird das Schloss verkauft. Erst zieht eine Kattun-Fabrik in das historische Gemäuer ein, später ein chemischer Betrieb. Die wertvolle Innenausstattung verschwindet, mehrfach brennen Gebäudeteile nieder. Es ist wieder ein Hohenzollern-König, der den Verfall stoppt: Friedrich Wilhelm IV. lässt das ungenutzte Gebäude in Stand setzen. Von 1858 bis 1925 werden hier Volksschullehrer ausgebildet. Danach dient das Schloss als Polizeischule und als SS-Kaserne, nach dem Krieg den sowjetischen Besatzern als Stabsgebäude. Später nutzt ein Grenzausbildungs-Regiment der Nationalen Volksarmee das Schloss. In den frühen 1990er-Jahren wird das Haus zum Sitz der Kreisverwaltung. Inzwischen informiert auch ein Museum über die Geschichte der Region – über Kunst und Kultur des 15. bis 20. Jahrhunderts sowie über den Chemiker Friedlieb Ferdinand Runge und die märkische Binnenschifffahrt.

Schloss oder Gefängnis?

Berlin-Niederschönhausen

Kaum zu glauben, was da eine preußische Königin ihrem Bruder zu berichten hat: »... ich bleibe ganz allein in diesem alten Schloss zurück wie eine Gefangene, während sich die anderen amüsieren ...« Die Verfasserin dieser Zeilen heißt Elisabeth Christine und ist eine geborene Prinzessin von Braunschweig-Bevern. Es ist das Jahr 1744. Seit sieben Jahren ist sie mit Friedrich II. verheiratet, seit vier Jahren lebt das königliche Paar getrennt voneinander. Gleich nach seiner Thronbesteigung überschrieb ihr Friedrich das Schlösschen Niederschönhausen, das im heutigen Pankow liegt im Nordosten von Berlin. Damals noch ein winziger Ort mit gerade mal 19 Feuerstellen und 187 Menschen. Es ist allerdings durchaus möglich, dass die Königin den Brief im Stadtschloss an der Spree verfasste. Denn erst wenn es die Temperaturen zuließen, verlegte sie jedes Jahr aufs Neue ihren Wohnsitz nach Niederschönhausen. Datiert ist das Schreiben vom 27. März 1744. In jenen ersten Frühlingstagen hatte Friedrich die gesamte Familie – außer der eigenen Ehefrau – aus ungewöhnlichem Anlass nach Rheinsberg geladen. Die Verwandtschaft sollte dabei sei, wenn er seinem Bruder Heinrich offiziell das Schloss übergab.

Doch nicht nur in Rheinsberg hatte Elisabeth Christine Hausverbot. Es galt auch für andere Hohenzollern-Anwesen in Berlin und in Potsdam. Nur ein einziges Mal soll sie den König in Sanssouci besucht haben und der König sie nur ein einziges Mal in Niederschönhausen.

Elisabeth Christine von Preußen

Im Übrigen erneuerte Friedrich 1746 seine eigenartigen Vorstellungen vom ehelichen Zusammenleben. Nicht nur getrennte Wohnungen, also weder gemeinsamer Tisch geschweige denn gemeinsames Bett, sondern auch keine gemeinsamen Auftritte bei allen nichtoffiziellen Anlässen. Seinem Bruder Prinz August Wilhelm machte er klar: »Wenn mein zimperlicher Griesgram an dem Ausflug nach Charlottenburg teilnimmt, so wird sie, fürchte ich, das ganze Fest stören ... Bleiben wir bei diesem Vorsatz und mischen wir nicht Nesseln und Gestrüpp zwischen Jasmin und Rosen!« Fast ein halbes Jahrhundert verbrachte so die Königin die Sommer im Schloss am Panke-Flüsschen. Erst nach dem Tod des Großen Friedrichs wurde sie als gleichberechtigtes Familienmitglied akzeptiert und war nun auch bei gesellschaftlichen Ereignissen ein gern gesehener Gast. Die Buchstaben E und C an der Parkseite des Schlosses erinnern bis heute an die Königin.

Dieses Anwesen Niederschönhausen galt schon seinerzeit als ein begehrenswertes Stückchen Erde. 1691 kaufte König Friedrich I. – damals noch ohne Krone – das Grundstück von der Witwe des Oberhofmarschalls Joachim Ernst von Grumbkow, samt eines 3-stöckigen Herrenhauses nach holländisch-französischem Vorbild und einer Meierei, wie man damals moderne Landwirtschaftsbetriebe nannte. Der Umbau und vor allem die Vergrößerung des in die Jahre gekommenen Gebäudes zogen sich allerdings wegen fehlender Gelder hin. 1704 sah sich die Amtskammer nicht in der Lage, die notwendigen 25 000 Taler bereitzustellen. Erst 1708 beendete Baumeister Eosander von Göthe die Arbeiten an dem nunmehrigen Rokoko-Schloss. Als Friedrich dieses Niederschönhausen der Königin zuwies, fand Elisabeth Christine das vom Großvater ihres Mannes erbaute Schloss erst einmal recht nett. Sie ahnte nicht, dass es ihr zu einem Gefängnis werden sollte. Nur einmal konnte sie auf längere Zeit diesem goldenen Käfig entfliehen. Während des Siebenjährigen Krieges, als 1760 russische Truppen Berlin besetzten. Da wird auch Niederschönhausen verwüstet und geplündert. Die Schäden waren erheblich. Vieles musste nicht nur repariert, sondern völlig neu gebaut werden. Immerhin erklärte sich der gegenüber den Wünschen seiner Frau als knausrig bekannte Friedrich bereit, die Kosten zu übernehmen.

Schloss Schönhausen

Damals entstand auch der barocke Park. Eine großzügige Anlage, die ein reichliches halbes Jahrhundert später der Gartenkünstler Lenné zu einem englischen Landschaftspark umgestaltete. Dessen Auftraggeberin war die zweite Frau von König Friedrich Wilhelm III., Gräfin von Liegnitz. Sie nutzte das Schloss dann auch als Witwenpalais.

Danach kümmerte sich die kaiserliche Familie kaum noch um das Anwesen. Ab und zu wurden hier hohe Staatsgäste untergebracht. Später diente das Gebäude als Depot für Möbel und Gemälde. Nach der Novemberrevolution 1918, als es mit der Hohenzollern-Dynastie zu Ende war, ging das Schloss in den Besitz des preußischen Staates über. Seit Mitte der 1930er-Jahre wurde hier eine ungewöhnliche Sammlung gezeigt. Nationalsozialisten richteten eine Ausstellung für sogenannte Entartete Kunst ein. Für Werke, die dem offiziellen NS-Verständnis für Kunst widersprachen und deshalb aus anderen Museen entfernt wurden. Den

Zweiten Weltkrieg überstand das Schloss relativ unbeschadet. Nach kurzzeitiger Nutzung durch die sowjetische Militärverwaltung wurde es zum Amtssitz des DDR-Präsidenten Wilhelm Pieck. Am 22. März 1956 versammelte sich im Saal das SED-Zentralkomitee. Vor diesem handverlesenen Publikum wurde die Rede von Nikita Chrustschow auf dem XX. Parteitag der KPdSU verlesen, in dem der sowjetische Parteichef die Verbrechen der Stalin-Diktatur anprangerte. Nach Piecks Tod dient Niederschönhausen der Partei- und Staatsführung als Gästehaus. Hochkarätige Gäste nächtigten hier: Kubas Revolutionsführer Fiedel Castro und Indiens Premierministerin Indira Gandhi, Ho Chi Minh aus Vietnam und Leonid Breshnew. Noch im Oktober 1989 kamen Erich Honecker und Michail Gorbatschow in Hohnschönhausen zusammen. Auch im Folgejahr wurde von hier aus Weltpolitik gemacht. Es sind die sogenannten Zwei-plus-Vier-Gespräche, die letztendlich den Weg zur deutschen Wiedervereinigung zementierten.

Nach umfangreicher Restaurierung ist das Schloss seit Dezember 2009 als Museum der Öffentlichkeit zugängig.

Ein Prinz auf der Flucht

Berlin-Wannsee

21. März 1848. Der Tag ist gerade mal zwei Stunden alt. Am Wannsee, damals noch außerhalb von Berlin, wird zu nächtlicher Stunde der Fährmann gerufen. Recht
ungewöhnlich. Ein hochkarätiger Gast steigt an Bord und lässt sich zur Pfaueninsel übersetzen. Der geheimnisvolle Passagier ist kein Geringerer als der Preußenprinz Wilhelm, Bruder des Königs und später erster Hohenzollern-Fürst auf dem deutschen Kaiserthron. Wilhelm ist auf der Flucht vor dem Volkszorn in Berlin. Dort schoss das Militär auf protestierende Bürger, 270 Menschen starben im Kugelhagel. Die genaue Zahl ist unbekannt. Für den Schießbefehl wird Prinz Wilhelm verantwortlich gemacht. Ob zu Recht oder zu Unrecht, ist bis heute nicht völlig geklärt. Dem Prinzen jedenfalls brachte das Blutbad den Schimpfnamen Kartätschen-Prinz ein. Vor dem Berliner Schloss verlangte nun die Berliner Bevölkerung die völlige Entfernung Wilhelms vom Hofe. König Friedrich Wilhelm IV. konnte die Menge beschwichtigen, sein Bruder musste aber erst einmal verschwinden. Zwei Tage versteckte sich der Prinz von Preußen auf der Pfaueninsel. Nicht im Schloss, sondern im Haus des Gärtners Fintelmann. Dann ging die Flucht weiter in Richtung England. Unter dem Namen Lehmann reiste er nach London. Eine Episode, die bei vaterländischen Historikern kaum eine Rolle spielt. Dabei ist diese Pfaueninsel so etwas wie eine Sammellinse preußisch-brandenburgischer Geschichte.

Sie ist gerade mal 2000 Schritte lang und 500 Schritte breit. Im ausgehenden 17. Jahrhundert war sie unter Kaninchenwerder bekannt, und das aus gutem Grunde. Hatte doch Friedrich Wilhelm von Brandenburg, der Große Kurfürst, hier eine Kaninchen-Farm anlegen lassen. Mehr als 800 Tiere wuchsen hier jedes Jahr heran. Der Verkaufserlös wanderte in die Schatulle des Fürsten. Doch ein anderes Gewerbe, das auf der Insel angesiedelt war, warf mit Sicherheit mehr Gewinn ab. Eine Glashütte. Der Hofalchimist Johannes Kunckel versuchte, so wie es damals in ganz Europa gang und gebe war, aus einfachen Metallen Edelmetalle herzustellen. Sprich: Aus Blei Gold zu machen. Auch wenn das dem Schwarzkünstler nicht gelang, konnte er sich doch des Wohlwollens des Kurfürsten erfreuen. Kunckel entdeckte nämlich die Rezeptur für das sogenannte Rubinglas. Damit konnte man in Brandenburg nicht nur auf teure Importe verzichten, sondern es auch in andere Länder verkaufen. Nach dem Tod des Großen Kurfürsten gerät Kunckel bei Hof in Ungnade. Auf der Insel brennen Schmelzofen und Hütte ab. Friedrich III. lässt ihn sogar in die Landesfestung Spandau bringen und in einem Verließ einsperren. Nach seiner Freilassung begibt sich der Chymist nach Stockholm und genießt in Schweden hohe Anerkennung. Er wird sogar als Kunckel von Löwenstern in den Adelsstand erhoben.

Fast ein Jahrhundert geriet die Insel dann in Vergessenheit. Erst König Friedrich Wilhelm II. entdeckt die Insel aufs Neue. Als Liebesnest für Schäferstündchen. Unzählige Male ließ er sich und seine langjährige Geliebte Wilhelmine Enke vom Potsdamer Marmorpalais aus zu dem romantischen Eiland rudern. Wilhelmine, Tochter eines Trompeters, später als Gräfin Lichtenau geadelt, und ihrem blaublütigen Liebhaber gefiel die Umgebung offenbar so sehr, dass man sich häuslich einrichtete und ein

Schloss auf der Pfaueninsel

Schloss bauen ließ. Dazu hatte Friedrich Wilhelm die Insel dem Militärwaisenhaus Potsdam im November 1793 abgekauft. Das Schloss ist irgendwo zwischen Rokoko und Klassizismus anzusiedeln. Die Entwürfe sollen auf das Paar selbst zurückgehen. Das erklärt, warum man auf einen Architekten und die Einbeziehung diverser Baubehörden verzichtete. Die Bauarbeiten wurden dem Potsdamer Hofzimmermann Brendel übertragen. Vorbild für das Schlösschen waren die Landhäuser in Italien, die schon damals wegen ihres Verfalls als besonders romantisch galten.

Der Wirtschaftshof, die Meierei, ist einer gotischen Klosterruine nachempfunden. Lange konnte sich der dicke Willi, wie Majestät sowohl bei Hofe als auch im Volk genannt wurde, an seinem neuen Inselreich nicht erfreuen. Erst 1797 wurden die Bauarbeiten abgeschlossen, am 16. November des gleichen Jahres verstarb der König.

Seine Schwiegertochter, die zur Kultfigur erhobene Königin Luise, war wenig begeistert von dem Anwesen und sprach geringschätzig von einer Pfauenbehausung. Kein Schloss und kein Riegel würden Schutz vor Einbrüchen gewähren. Und die Mauern wären bekanntlich von Papier. Nach Luises Tod und dem Ende des Napoleonischen Kriegs zog sich ihr verwitweter Ehemann immer häufiger auf die Insel zurück. 1821 beauftragte Friedrich Wilhelm III. General-Gartendirektor Peter Josef Lenné mit der Gestaltung der Parkanlagen. Den Auftrag für neue Bauten erhielt Karl Friedrich Schinkel, der auch das Kavaliershaus erweiterte. Dazu hatte der König in der Ostsee-Stadt Danzig ein gotisches Wohnhaus gekauft. Das Gebäude, Jahrhunderte im Besitz derer von Schliefen, wurde abgebrochen und die Steine nummeriert. Per Schiff ging es damit über Ostsee, Oder und Havel zur Pfaueninsel. Dort wurden die Einzelteile wieder zusammengesetzt. Seit 1829 erinnert ein sogenannter Portikus an Königin Luise. Verwendet wurden Säulen, die ursprünglich für das Mausoleum im Schlosspark von Berlin-Charlottenburg vorgesehen waren. Gegen Ende seines Lebens entwickelte der König eine ausgesprochene Leidenschaft für Tiere. Lamas und Kängurus, Affen und Löwen, Bären, Hirsche und allerlei Vögel gab es zu sehen. Friedrich Wilhelm III. ließ auch die namensgebenden Pfauen aussetzten. Bis heute konnte noch keine überzeugende Antwort auf die Frage gefunden werden, weshalb die Insel zu diesem Zeitpunkt schon hundert Jahre Pfaueninsel hieß. 1832 wurden bei einer Inventur 847 Tiere gezählt. Im gleichen Jahr wurde die Insel preußischer Flottenstützpunkt, Heimathafen für die Fregatte Royal Louise. Das 18 Meter lange Schiff war ein Geschenk des englischen Königs. Auf eine legendäre Künstlerin des 19. Jahrhunderts macht eine zierliche Statue vor dem Schloss aufmerksam, und zwar auf eine französisch-jüdische

Friedrich Wilhelm III. und Luise von Preußen

Schauspielerin namens Rachel. Die Frau trat am 13. Juli 1852 auf der Pfaueninsel vor Friedrich Wilhelm IV. und seinem Ehrengast, dem russischen Zaren Nikolaus I. auf. In der Folgezeit blieb die Insel weitgehend von Schäden verschont. So stammt vieles an den Gebäuden noch aus der Entstehungszeit. Die Mischung aus Romantik und einem Hauch morbiden Charme ist wohl auch der Grund dafür, dass hier in den 1960er-Jahren ein halbes Dutzend Edgar-Wallace-Filme gedreht wurden. Vor der stimmungsvollen Kulisse entstanden Streifen wie Der Hexer und Der Mönch mit der Peitsche, Die Tür mit den sieben Schlössern und Im Banne des Unheimlichen.

Seit 1924 ist die Insel Naturschutzgebiet. Pläne, das Eiland als Standort für mondäne Villen zu nutzen, wurden abgeschmettert.

Wenn bis heute die Berliner von Ausflügen zu Muttern Grün schwärmen, dann gehört auch die Pfaueninsel im Wannsee dazu.

Ein Wochenende mit den Kindern

Paretz

»Papa küßt euch alle in Gedanken mit mir, und trägt mir auf, daß ihm wie mir die Mohrrüben, Erbsen, Kerbel, Petersilie, Bohnen, Kohl und Salat aus Eurem Garten außerordentlich viel Vergnügen gemacht haben ... Heute Mittag essen wir ein Gericht Mohrrüben, das ihr gepflanzt und gezogen habt«, so heißt es in einem Brief einer Mutter an ihre Kinder. Zu Papier gebracht am 9. September 1801.

»Papa und Mama erlauben Euch, da ihr Euch gut und folgsam aufgeführt habt, Sonntag zum Erntekranz nach Paretz zu kommen, um die Freude der Bauern zu sehen.«

Gerichtet sind die Zeilen an »Fritz, Wilhelm und Charlottchen«, unterschrieben mit Luise. Es ist Königin Luise von Preußen, eine geborene von Mecklenburg-Strelitz. Und die drei jungen Gemüse-Spezialisten werden einmal an der Spitze mächtiger Staatsgebilde stehen. Kronprinz Fritz als König Wilhelm IV. und sein Bruder Willi als deutscher Kaiser Wilhelm I. Charlotte wird einen russischen Zaren heiraten.

Doch jetzt erwartet das Trio erst einmal ein Wochenende auf Schloss Paretz im Havelland, nur einige wenige Kilometer nordwestlich von Potsdam. Zu diesem Zeitpunkt gehörte das Anwesen schon sieben Jahre König Friedrich Wilhelm III. Noch als Kronprinz hatte er es für 85 000 Taler erworben. Zuvor befand sich der Gutshof über 100 Jahre im Besitz derer von Blumenthal. Und noch früher hatten hier die Arnims und die Derickes das Sagen.

In David Gilly fand Friedrich Wilhelm III. einen geeigneten Baumeister. Der Nachfahre französischer Glaubensflüchtlinge hatte sich allerdings in engen Grenzen zu bewegen. »Denken Sie daran«, soll ihm der Kronprinz immer wieder aufgetragen haben, »dass sie für einen armen Gutsherrn bauen.« Das Ergebnis ist bis heute nicht unumstritten. Es sind zwar nicht wenige Bauhistoriker, die Paretz ein Juwel frühklassizistischer Schlossbaukunst nennen, andere Experten äußern sich eher verhalten.

Für Theodor Fontane ist das »Schloss ein langegestreckter, schmuckloser Parterrebau mit aufgesetzten niedrigen Stock.«

Und was die königliche Oberhofmeisterin Gräfin Voss betrifft, so vertraut die Dame ihrem Tagebuch an: »Ich war sehr enttäuscht, denn es ist nicht im geringsten hübsch; auch das Haus, das noch gebaut wird, bekommt keine richtigen Proportionen, der Ort selbst ist geradezu häßlich und nur der Garten etwas erträglich.«

Der Pfarrer von Falkenrehde, Johann Heinrich Lehnert, will über das Schloss wissen: »... so hat es in seinem Äußerem wie in seinem Inneren so wenig Hervorstehendes und Ausgezeichnetes, dass man es kaum für ein königliches Schloss halten möchte. ... Alles ist schlicht und einfach, ohne Prunk und Schmuck...« Paretz könne dagegen mit anderen Vorzügen aufwarten. Der evangelische Dorfgeistliche, bei dem der König zwischen 1810 bis 1840 oft zu Gast war, ist voller Lobes, denn das »Einfache, Ungesuchte und Natürliche, welches mit den schönen, reichen Umgebungen im harmonischen Einklange steht, gibt dem Ganzen das Gepräge einer ländlichen Ruhe und Abgeschiedenheit«. Trotz der Nähe zu Potsdam. Bald sprach man am Hofe von Schloss Still-im-Land. In Paretz hatte das steife Hofprotokoll gewissermaßen Hausverbot. Friedrich Wilhelm, dem größere Auftritte in der Öffentlichkeit ohnehin nicht lagen, konnte hier ungestört in die Rolle eines

Schloss Paretz

x-beliebigen Gutsbesitzers schlüpfen. Was Luise betrifft, so rüttelte sie gewissermaßen an einem Grundpfeiler des Königtums. Ließ sie sich doch tatsächlich von der Dorfbevölkerung mit Gnädige Frau ansprechen, anstatt mit Königliche Hoheit. Galt Luise als eher temperamentvoll, so ist Friedrich Wilhelm als unentschlossen und zögerlich in die Geschichtsschreibung eingegangen. Doch immerhin war er der erste Preußenkönig, der sich den berühmt-berüchtigten Zopf abschneiden ließ.

Unzählige Anekdoten und Geschichtchen sind in Paretz entstanden. Wie sich die Königin von einer Bauersfrau zum Pflaumenmus-Umrühren einspannen ließ. Oder wie sie einen Bauern dazu brachte, den Widerstand gegen die Hochzeit seiner Tochter mit einem Soldaten aufzugeben. An so einer Ehe sei nichts Ehrenrühriges dran. Sie selbst wäre ja schließlich auch mit einem Soldaten verheiratet, soll sie dem völlig eingeschüchterten Mann erklärt haben. Beim Tanzen, während des Erntefestes. Ja, so waren die Hohenzollern. Oder so wollten sie sich gern sehen.

Luise von Preußen

Im Mai 1810 besuchte Luise Paretz zum letzten Mal und unternimmt einen Bummel durch den Garten. Im Juli starb sie mit gerade mal 34 Jahren.

Als Park-Architekten gelten David Gilly und dessen Sohn Friedrich. Die beiden restaurierten auf königlichen Befehl auch die mittelalterliche Dorfkirche von Grund auf und legten das Gutsdorf an. Friedrich Wilhelm trug den Gillys auf, die Umgestaltung des Dorfes so auszuführen, dass die Arbeit der Bauern nicht beeinträchtigt wird.

Die folgenden Generationen des Fürstenhauses kamen überein, zum Andenken an das Königspaar das Haus ungenutzt zu lassen. So blieb der Originalzustand bis 1945 weitgehend erhalten. Nach Kriegsende wurde das Schloss geplündert. Zwischen 1948 und 1960 bildete man hier Führungskräfte für die DDR-Landwirtschaft aus, später wurde von Paretz aus die Arbeit der Tierzucht-Betriebe koordiniert.

Immer neue Umbauten führten dazu, dass das Schloss bald nur noch schwer als solches zu erkennen war. Erst nach der Wende gab es einen tiefen Einschnitt. Nach mehreren Jahren intensiver Sanierung und Restaurierung kann das Haus seit 2002 wieder besichtigt werden.

Die Sorgenkinder des Prinzen

Rheinsberg

Prinz Heinrich hatte damals die siebzig längst überschritten. Trotz seines Alters war der Bruder des Großen Friedrich aber noch ganz gut drauf. In Berlin regierte längst Friedrich Wilhelm II., der Neffe von Heinrich und Friedrich. Oder besser: Der dicke Willi ließ regieren. Von einer teils undurchsichtigen, teils bigotten Ministerriege. Und sogar seine Mätressen konnten immer wieder in die Politik hineinreden.

Rheinsberg, wo Heinrich seit nunmehr vier Jahrzehnten residierte, hatte immer noch einen Ruf als märkischer Musentempel. Auch wenn die Vergnügungen meist nur noch im kleineren Rahmen stattfanden. Von rauschenden Festen war längst keine Rede mehr. Doch in Adelskreisen galt eine Einladung ins Schloss noch immer als Ausdruck besonderer Wertschätzung.

So eine sommerliche Lustnacht war gerade zu Ende gegangen, in mehreren Booten hatte der Prinz seine handverlesenen Gäste auf die Remus- Insel im Grienerick-See bringen lassen. Die Namensliste ist im Laufe der Jahre verloren gegangen, aber Prinz Louis Ferdinand, Heinrichs Neffe, war auf jeden Fall mit von der Partie. Ein gutaussehender junger Mann, der – wie der Volksmund in Sachen Frauen sagt – nichts anbrennen ließ, und der unter chronischen Geldmangel litt. Oft soll er so abgebrannt gewesen sein, dass er bei Reisen nach Rheinsberg bei den Postkutschstationen anschreiben lassen musste. Trotzdem oder vielleicht deshalb hatte Prinz Heinrich an ihm einen Narren gefressen. Und da war auch noch Hein-

Schloss Rheinsberg

richs Adjutant – Antoine Charles Etienne Paul Graf La Roche-Aymon, ebenfalls jung und ebenfalls attraktiv. Der Graf hatte vor der französischen Revolution fliehen müssen und in Deutschland Caroline Amalie von Zeuner geheiratet. Eine Frau, von der es hieß, sie sei nicht nur schön, sondern auch geistreich und außerdem eine begnadete Köchin. Die illustre Gesellschaft war also ins Schloss zurückgekehrt und man hatte sich zur nächtlichen Ruhe begeben.

Nicht alle. Vor der Fensterfront stand ein hochgewachsener Mann – Prinz Louis Ferdinand. Er sprach auf die Gräfin ein, die am Fenster lehnte. Dann kam eine dritte Person dazu – der nicht zu Unrecht eifersüchtige Graf La Roche-Aymon. Mit gezogenem Degen. Nur wegen des Geschreis der zu Tode erschrockenen Gräfin ließen die beiden in jener Nacht von einem blutigen Zweikampf ab, und verabredeten sich zum Duell. Das alles erfuhr am nächsten Tag Prinz Heinrich. Wer da gesungen hatte, ist nicht bekannt. Immerhin gehörten neben der Leibwache von 40 Husaren reichlich hundert Personen zum Rheinsberger Hof. Heinrich nahm sich seine Sorgenkinder zur Brust und verbot das Duell. Er malte den Streithähnen aus, was passieren würde, wenn ein königlicher Offizier einen Hohenzollern- Prinzen ersticht. Ein Skandal auch, wenn ein adliger Graf durch Prinzen-Hand gestorben wäre. Die beiden Widersacher schworen also von ihrem Vorhaben ab. Und sie taten gut daran: Der königliche Prinz wurde zum Universalerben seines kinderlosen Onkels eingesetzt und der französische Graf erbte Gut Köpernitz.

Das war so ungefähr das Aufregendste, was sich zu Hohenzollern-Zeiten auf Schloss Rheinsberg zugetragen haben soll. Obwohl dieser Prinz Heinrich fast ein halbes Jahrhundert hier residierte, ist es Friedrich der Große, der die nordbrandenburgische Kleinstadt bekannt machte, und nach dessen Spuren Jahr für Jahr Zehntausende Kunst- und Geschichtsfreunde aus aller Welt suchen. Schon die Entstehung des barocken Schloss-Ensembles ist nicht ohne. Am preußischen Hof wurde 1732 so etwas wie ein Familienfrieden zwischen Vater und Sohn, also zwischen Soldatenkönig Friedrich Wilhelm I. und Kronprinz Fritz, vereinbart. Der aufsässige Fürstensohn hatte Besserung gelobt, vor allem aber Gehorsam. Daraufhin war der Arrest auf der Oder-Festung Küstrin aufgehoben worden. Die geplante Fahnenflucht des Thronfolgers geriet in Vergessenheit. Aber so richtig schien der König der Sache doch nicht zu trauen und schickte deshalb den damals 20-jährigen in die Provinz. In Neuruppin kommandierte nun der junge Friedrich ein Regiment. Um ihm die bittere Pille zu versüßen, überschrieb der alte Herr dem Sohn die Herrschaft Rheinsberg. Für den kunstbeflissenen Thronfolger eine Aufgabe von besonderem Reiz. Die Pläne für den Umbau des in die Jahre gekommen Renaissanceschlosses stammen im Wesentlichen von ihm. Er beauftragte den kurmärkischen Baudirektor Johann Gottfried Kemmeter mit den Arbeiten. 1737 übernahm Friedrichs persönlicher Freund Georg Wenzeslaus von Knobelsdorff die Leitung. Das Anwesen am malerischen Grienericksee wurde schnell zum Treffpunkt von Schriftstellern, Musikern und Komponisten. In Rheinsberg begann Friedrich seinen Briefwechsel mit dem französischen Philosophen Voltaire. Viel, viel später spricht der König davon, dass dies die schönsten Jahre seines Lebens waren. Nach Friedrichs Thronbesteigung wird Bruder Heinrich Herr auf Schloss Rheinsberg. Der ist dem älteren Bruder in seinem Kunstverständnis sehr ähnlich. Allerdings spielt Heinrich Geige und nicht wie Friedrich Flöte. Beide zogen Männerrunden der Zweisamkeit mit Frauen vor. Ihnen lagen französische Sprache und Literatur weit näher als die deutsche.

Heinrich von Preußen

Der riesige Schlosspark geht übrigens noch auf Knobelsdorff zurück. Doch schon zu Heinrichs Zeiten wird aus dem Barockgarten ein Landschaftspark mit ersten klassizistischen Zügen. Überhaupt ergänzte auch Heinrich am Schloss viel und ließ anbauen. Und er kann einen ganz großen Baumeister seiner Epoche dazu verpflichten – Carl Gotthard Langhans, den Schöpfer des Brandenburger Tores in Berlin. Als Prinz Heinrich 1802 starb, folgt ihm als Schlossherr Prinz Ferdinand, der jüngste Sohn des Soldatenkönigs. Dessen Sohn wiederum überlässt das Haus seiner

Schloss Rheinsberg

bürgerlichen Gemahlin. Als letzter aus der Familie Hohenzollern nimmt bis 1923 Prinz August Wilhelm seinen Wohnsitz in Rheinsberg. Im Park ließ sich Prinz Heinrich noch zu Lebzeiten ein Grabdenkmal setzen. Die Inschrift stammt von ihm selbst: »...Wenn ich nicht habe sein können der beste der Menschen zum mindesten gehöre ich nicht zur Zahl der Bösen ...«

Nach dem Zweiten Weltkrieg wird das Grab geplündert. Seitdem sind auch die sterblichen Überreste des Preußenprinzen verschwunden. Möglicherweise rettete zu DDR-Zeiten die Nutzung als Diabetiker-Sanatorium das Haus vor dem Verfall. Gewiss – vieles von der einstigen Innenausstattung hat Schaden genommen oder ist nicht mehr auffindbar. Doch seit einigen Jahren ist Schloss Rheinsberg für die Öffentlichkeit zugänglich. In das Kavaliershaus zog die Musikakademie ein, eine Bildungsstätte für junge Künstler. Ein Museum erinnert an den Schriftsteller Kurt Tucholsky und an seine Erzählung Rheinsberg – ein Bilderbuch für Verliebte.

»Lustbarkeiten« und Pulverdampf

Berlin-Spandau

Das hatten die Bürger von Spandau dann doch nicht erwartet: Dass der Kurfürst mit Kanonen im August 1567 auf das Havel-Städtchen schießen lässt. Eine Kanonenkugel traf den Turm der Nikolaikirche. Getroffen wurde also genau jenes symbolträchtige Gebäude, in dem derselbe Kurfürst gut 20 Jahre zuvor den Protestantismus in der Mark Brandenburg offiziell einführte.

Dabei war man in Spandau an diesem Sommertag durchaus auf einiges Ungemach vorbereitet gewesen. Joachim II. hatte nämlich wieder einmal eine seiner umstrittenen Lustbarkeiten angekündigt. Diesmal war es eine Schlacht zwischen Spandauer und Berliner Bürgern, die der Waffen wegen als Knüppelkrieg in die Hohenzollern-Geschichte einging. Der Fürst selbst kämpfte auf Seiten der Berliner. Als sich allerdings ein Sieg der Spandauer abzeichnete, ist bei Joachim offenbar eine Sicherung durchgebrannt und er setzte die Artillerie ein. Ob nun tatsächlich das Geschütz in der Zitadelle stand, wie manchmal behauptet wird, ist eher zu bezweifeln. Die Landesfestung war anno dazumal noch im Bau. Als Architekten und Baumeiser hatte der Kurfürst zunächst den Italiener Francesco Chiaramella de Gandino verpflichtet. Die Arbeiten begannen um 1560 und sollten sich noch bis 1594 hinziehen. Die Kosten liefen aus dem Ruder, dafür galt allerdings die Festung als eine der modernsten ihrer Zeit. Bis zu Zeiten von Joachim hatte hier – nicht weit entfernt vom Zusammenfluss von Havel und Spree – eine mittelalterliche Burg der Markgrafen gestanden.

Aus deren Frühzeit stammen Teile des gewaltigen Juliusturms. Das Wohnhaus der Fürstenfamilie, wurde wohl Ende des 14. Jahrhunderts gebaut.

Die neue Festung war eigentlich zum Schutz der Residenzstadt Berlin gedacht. Als besonders bedrohlich hatte Joachim II. den Vormarsch der Türken nach Mitteleuropa ausgemacht und suchte deshalb fieberhaft nach einem Standort für die Verteidigungsanlage. Spandau, so ließ er wissen, sei deshalb geeignet, weil es »fast mitten in unserem lande und an unserem wesentlich hoffelager ganz nahe gelegen« ist. Aber auch als Fluchtburg in Kriegsgefahren und als Gefängnis sollte die Festung dienen. Und als Symbol für die Macht der Herrscherfamilie gegen Feinde von außerhalb und als Warnung gegenüber den eigenen Untertanen. Wahrscheinlich aus Gründen der Selbstdarstellung ließ Joachim den Juliusturm nicht abbrechen, obwohl das den Prinzipien des zeitgenössischen Festungsbaus widersprach. Nach Joachims Tod ließ sein Sohn Anna Sydow, die langjährige Geliebte des Vaters, in Spandau einsperren.

Ab 1570 setzte Graf Rochus zu Lynar die Arbeiten fort. Auch er war gebürtiger Italiener, hatte sein Handwerk in Frankreich gelernt und galt als Kapazität auf dem Gebiet der Fortifikationswissenschaften. Lynar erwies sich tatsächlich als Meister seines Faches.

Die etwa 200 mal 200 Meter große Festung ist im Grunde nie erobert worden. Wenn sie an Feinde fiel, dann hatte man kampflos kapituliert. Wie während der Napoleonischen Kriege, als sich hier französische Truppen festsetzen. Es waren paradoxerweise preußische Geschütze, mit denen im April 1813 die Festung sturmreif geschossen wurde. Und die Besatzer wurden zur Aufgabe gezwungen. Bei dem Artillerieangriff explodierte ein Pulverdepot.

Kurprinz Joachim (II.)

Die Schäden waren immens. Große Teile mussten in Jahre langer Arbeit erneuert werden.

Das Haus der Hohenzollern erfuhr im Siebenjährigen Krieg eine unerwartete Aufwertung. Im Oktober 1757 waren vor Berlin russische Truppen aufgetaucht. Der gesamte Hof floh nach Spandau und suchte Schutz hinter den Wällen der Zitadelle. Doch nicht der ganze Hof. Die männlichen Familienmitglieder dienten in der Armee Friedrichs des Großen, der gerade mit der Niederlage in der Schlacht von Kolin fertig werden musste. In Spandau war man nicht auf solch hochkarätigen Besuch vorbereitet. So hielt der Kammerherr von Königin Elisabeth Christine, Graf Lehndorff, in seinem Tagebuch fest: »Das Gebäude, in dem so viele erlauchte Personen Platz finden sollten, hat seit Friedrich I. nur zur Aufnahme von Gefangenen und von Schießbedarf gedient ... So ist kein Feuer, kein Licht vorhanden. Vier Verbrecher, Eisen an den Füßen und eine kleine Lampe in der Hand, führen Ihre Majestät und die Prinzessinnen in die Wohnung, die aus fünf Räumen besteht, in denen die Fenster kaputt sind, keine Türe schließt, kein Stuhl zu erblicken ist ... Die ganze Gesellschaft soupiert auf der Erde, verbringt dann eine traurige Nacht auf Stroh ...«

Ende des 19. Jahrhundert wird das Anwesen zur Schatzkammer. Im Juliusturm lässt Kaiser Wilhelm I. den sogenannten Reichskriegsschatz einlagern. Dabei handelt es sich im Wesentlichen um Gold, dass Frankreich nach dem Krieg von 1870/71 an Deutschland zu zahlen hatte. Umgerechnet sind das etwa 1,2 Milliarden Euro. Nach dem Untergang des Kaiserreiches geht der Schatz wieder nach Paris zurück. Diesmal, um deutsche Kriegsschulden an Frankreich abzutragen.

Mitte der 1930er-Jahre wird erneut umgebaut. In die Gebäude zieht das berüchtigte Heeresgasschutzlaboratorium ein. Hier

Spandauer Zitadelle mit Juliusturm

wurde mit Nervengas zur chemischen Kriegsführung experimentiert und in kleineren Mengen Kampfstoffe hergestellt. Für die Versuchsreihen missbrauchten die Wissenschaftler in SS-Uniform KZ-Häftlinge. Keines der Opfer überlebte und konnte als Zeuge gegen seine Peiniger aussagen. Nach dem Zweiten Weltkrieg übergaben die britischen Besatzungsbehörden die Festung der deutschen Verwaltung. Vorausgegangen war die Zusicherung, Spandau nie wieder militärisch zu nutzen. Übrigens – entgegen aller Gerüchte – diente die Zitadelle nie als Kriegsverbrechergefängnis. Die Haftanstalt, in der Hess, Speer und andere NS-Größen einsaßen, ist nach dem Tod des letzten Häftlings abgetragen worden. Viele Jahre dauerte die Sanierung der Gebäude und des Festungsgeländes. Inzwischen werden Teile als Museum genutzt. Im Sommer wird der Festungshof zur stimmungsvollen Kulisse für Konzerte.

Der »Kuhhandel« um ein Bistum

Storkow

Es klingt gewiss pietätlos, doch auf den Tod des Bischofs hatten die Hohenzollern-Brüder Kurfürst Joachim II. und Markgraf Hans von Brandenburg-Küstrin schon einige Zeit gewartet – seit die beiden den Protestantismus des Martin Luther in ihren Ländern zur Staatsreligion erhoben hatten. Sie gierten danach, das Bistum Lebus ohne Wenn und Aber in ihren Machtbereich einzugliedern, um uneingeschränkt über dessen Besitz zu verfügen. Nun war also 1555 der Lebuser Bischof Johannes VIII. von Horneburg gestorben. In der Burg Storkow hatte er seine letzten Atemzüge gemacht. Seine fünf Amtsjahre waren aus katholischer Sicht alles andere als erfolgreich gewesen. Die Schulden hatten zu- und die Einnahmen abgenommen. Vieles an Geld war für Alchemie draufgegangen, denn durch Goldmacherei hatte Horneburg die leeren Kassen auffüllen wollen. Nach dem Tod des Bischofs handelten die brandenburgischen Fürsten ohne Verzug. Mancher nannte ihr Vorgehen später einen Kuhhandel. Erst einmal ließ man Prinz Joachim Friedrich, den neunjährigen Enkel des Kurfürsten, zum Bischof wählen. Der Junge wiederum verkaufte seinem Onkel Hans von Küstrin das Bistum. Am 15. Februar 1556 wurden in Beeskow Adel und Bürgerschaft zusammengerufen, um den neuen Herren ihren Gehorsam zu versichern. Das soll wohl im gleichen Jahr auch noch auf Burg Storkow geschehen sein. Diese Zeremonie war nicht unwichtig, gehörten doch zum nunmehrigen fürstlichen Amt nicht weniger als 28 Dörfer.

Altes kurfürstliches Schloss in Storkow

Doch mit dem umstrittenen Verkauf und den Huldigungen waren noch lange nicht die endgültigen Eigentumsverhältnisse geklärt. Der Kaiser in Wien stellte sich nämlich quer. Dieses Lebus betrachtete der Habsburger als sein Lehen und machte deshalb Verfügungsrechte geltend. Es sollte noch 20 Jahre dauern, bis sich Berlin und Wien einigen konnten.

Zu diesem Zeitpunkt hatte Johann von Küstrin längst das Zeitliche gesegnet. Seine letzte Ruhestätte fand er 1771 in der Gruft unter der Marienkirche zu Küstrin. Sein souveränes Land war an die Verwandten in Berlin gefallen. Den Überlieferungen nach soll sich der Markgraf gern und wohl auch ziemlich oft in Storkow aufgehalten haben. Er war es, der die Bauarbeiten des letzten katholischen Bischofs Johannes fortsetzte und die mittelalterliche Burg zu einem Renaissanceschloss umbaute. Nach seinem Tod übernahm seine Witwe Katharina, eine geborene Prinzessin von

Braunschweig-Lüneburg, das Anwesen als Witwensitz. Eine ziemlich resolute Frau, wie Zeitgenossen berichten. In nichts, was ihre Herrschaft Storkow betraf, habe sie sich hineinregieren lassen. Vor allem machte sie Kirche und Glaubensfragen zur Chefinnensache. Eine Fürstin, zu der der recht respektlose Name Mutter Käthe so ganz und gar nicht passte.

Übrigens verbrachte der erwähnte Prinz und spätere Kurfürst Friedrich Joachim die letzte Nacht seines Lebens auf Schloss Storkow. Als er am 28. Juli 1608 von hier aus nach Berlin zurückkehrte, erlag er zwischen Köpenick und Grünau einem Schlaganfall.

Und noch einmal sorgte Storkow in Sachen Hohenzollern deutschlandweit für Aufregung, obwohl der Handlungs- oder besser der Tatort 70 Kilometer entfernt lag: Am 26. Juli 1844 feuerte in Berlin Heinrich Ludwig Tschech mit einer Pistole auf das Königspaar Friedrich Wilhelm IV. und Ehefrau Elisabeth aus dem Hause Wittelsbach. Tschech war ehemaliger Bürgermeister von Storkow. Der studierte Jurist und Reserveoffizier hatte seinen Posten gekündigt, dann aber vergeblich um Wiederaufnahme in den Staatsdienst gebeten. Völlig verarmt entschloss sich der 55-Jährige zu dem Anschlag. Friedrich Wilhelm soll das missglückte Attentat gar nicht so ernst genommen haben. »Kinder, weiterfahren, mir fehlt nichts«, hat er ausgerufen. Die Richterschaft sah das allerdings ganz anders und sprach sich für die Todesstrafe aus. Im Dezember 1844 wurde Tschech auf der Festung Spandau mit dem Schwert hingerichtet. Berliner Bänkelsänger machten daraus einen Gassenhauer:

»Der abscheuliche Verräter,
Der verfluchte Attentäter
Der da schoß mit frechen Mut
Unsere Königin durch den Hut …«

1899 ging auf Schloss Storkow endgültig die Hohenzollern-Ära zu Ende. Die Stadt erwarb das Anwesen. Ende der 1970er-Jahre geschah dann eine Katastrophe: Am 16. Dezember 1978 brannte die Burg ab. Gut zehn Jahre wurde am Wiederaufbau gearbeitet. Seit Februar 2009 steht die älteste Burganlage der Region den Besuchern offen. Dort befinden sich eine ständige Naturschutzausstellung und das Tourismusbüro. Und nicht nur für Geschichts- und Ausstellungsmuffel gibt es ein Burgcafé.

Auf einen Kaffee mit dem König

Potsdam-Sanssouci

So eine Einladung zum Kaffee galt als besondere Auszeichnung. Gewiss, es war so schon eine Ehre, überhaupt von Friedrich dem Großen in Potsdam-Sanssouci empfangen zu werden. Aber ein Dinner im Chinesischen Teehaus trennte noch einmal die Spreu vom Weizen. So klein und zierlich sich das exotisch anmutende Gebäude dem Betrachter präsentiert, so hochkarätig war anno dazumal die Gästerunde. Die ins Teehaus eingeladenen Fürsten und Geistesgrößen konnten mit dem Wohlwollen von Majestät rechnen. Und es mussten schon besonders wichtige Staatsgäste sein, denen die Ehre zuteil wurde, an einer Plauderei in intimer Runde teilzunehmen.

Nicht überliefert ist, ob sie Friedrichs Vorliebe teilten, den Kaffee kräftig mit Pfeffer zu würzen. Übrigens hatte der König noch eine zweite Kaffeemarotte. An manchen Feiertagen ließ er den Türkentrank statt mit Wasser mit Champagner zubereiten.

Das gemeine Volk dagegen war in Sachen Kaffee Neese – wie man an Spree und Havel sagte – vom Kaffee-Genuss weitestgehend ausgeschlossen. Das preußische Kaffeemonopol schränkte seit 1781 den Import ein und trieb die Preise in unbezahlbare Höhe. Man solle eben Bier trinken und Biersuppe löffeln, riet Friedrich seinen Untertanen. Der König wollte so die Staatskassen füllen und dem einheimischen Brauereigewerbe den Rücken stärken. Zur Überwachung seiner Anordnung stellte Friedrich nicht weniger als 400 ehemalige französische Soldaten ein. Diese Kaffeeschnüffler,

Chinesisches (Tee-)Haus im Park Sanssouci

wie sie voller Abscheu genannt wurden, waren damals zwischen Königsberg und der Nordsee-Küste die am meist gehassten Beamten. Unter den Friesen machte sich Friedrich durch ein zeitweiliges Tee- Verbot zusätzliche Feinde.

Das Chinesische Teehaus gehört zu den frühen Bauten im Schlosspark von Sanssouci. Die Idee stammt von Friedrich, der seine Vorstellungen zunächst grob skizzierte und Baumeister Johann Gottfried Büring mit der Ausführung beauftragte. Als Vorbild diente ein Pavillon im französischen Luneville. Ein Kupferstich davon befand sich nachweisbar in Friedrichs Besitz. Mit dem Teehaus lag der König voll im Trend. Die Fürstenhöfe in Europa hatten zu jener Zeit eine besondere Begeisterung für jegliche Kunst aus Fernost ergriffen. Sogar eine eigene Kunstrichtung entstand daraus – die Chinoiserie, eine Mischung aus fernöstlichen Kulturen und dem Rokoko. Dabei war es ziemlich gleich, ob es sich bei dem Herkunftsland um Japan oder China handelte. So ist es möglicherweise zu erklären, dass in älteren Büchern der Pavillon von Sanssouci mal als Chinesisches, mal als Japanisches Teehaus erscheint. Die Bauarbeiten dauerten indes neun lange Jahre. Schuld daran war der Siebenjährige Krieg, der gewaltige finanzielle Mittel verschlang. Erst 1764 konnte Majestät zum Kaffee oder Tee bitten – in ein Teehaus mit kleeblattförmigen Grundriss. Vier vergoldete Säulen tragen ein Kupferdach. Darauf thront unter einem Schirm ein Mandarin. Rings um das filigran wirkende Gebäude sind vergoldete Sandstein-Plastiken zu sehen – asiatische Musiker. Wer sich die Figuren genauer anschaut, dem werden die europäischen Gesichtszüge auffallen. Als Modell dienten Personen aus der unmittelbaren Gegend. Der kreisrunde Hauptraum ist mit Marmorstuck ausgestattet. Ein Deckengemälde zeigt eine Komposition von asiatischen Menschen, exotischen Tieren und Buddha-Figuren. So wie man sich im Mitteleuropa des 18. Jahrhunderts ein Fest in Fernost vorstellte.

Genau 700 Meter entfernt befinden sich die Neuen Kammern. Links von Schloss Sanssouci, auf gleicher Höhe. Es war Friedrichs Palais für gehobene Gäste. Was den Rang dieser Besucher betraf, gab es auf der Sympathieskala nur noch eine Steigerung: der rechte Schlossflügel. Weil Friedrichs Gattin Elisabeth Christine von Braunschweig-Bevern so etwas wie Hausverbot hatte, konnten hier all jene Gäste unterkommen, die dem Philosophen von Sanssouci besonders am Herzen lagen.

Die Neuen Kammern waren ursprünglich als Orangerie angelegt worden. Der König hatte schon früher, also noch zu seiner Ruppiner-Rheinsberger Zeit, eine Vorliebe für Pflanzen gezeigt. Weinstöcke und Feigen für den sechsstöckigen Weinberg gehörten nun auch zu den ersten Bestellungen für den Schlossberg von Sanssouci. Die Neuen Kammern stammen noch aus den Zeiten,

Friedrich II. von Preußen

als Friedrichs Freund und Vertrauter von Knobelsdorff die Bauarbeiten leitete. Noch heute erinnern Rampen an den ursprünglichen Zweck des Hauses. Auf ihnen konnten schwere Pflanzenkübel ins Haus gefahren werden. 1771 begann der Umbau. Die äußeren Formen wurden im Wesentlichen beibehalten. Neu sind die Kuppel und der kleine Turm.

Die größten Veränderungen vollzogen sich im Inneren. Es entstanden – wie wir heute sagen würden – mehrere mondäne Ferienwohnungen mit beeindruckenden Malereien, mit Einlege-Arbeiten aus edlen Hölzern und mit Figurenschmuck.

Unter der Kuppel befindet sich der Japsis-Saal. Wie der Name schon sagt, dominiert an den Wänden Jaspis, ein rötlicher Halbedelstein. Der wird kombiniert mit grauem Schlesischem Marmor. Ein riesiges Deckengemälde zeigt Venus samt Gefolge. Auf Konsolen ergänzen Bildhauerarbeiten aus der Antike und aus dem 18. Jahrhundert den Raumschmuck.

Es sind nicht wenige Kunstexperten, die felsenfest der Auffassung sind, dass die Innenausgestaltung der Neuen Kammern zu den Sternstunden des friderizianischen Rokoko überhaupt gehört.

Dreiunddreißig Dörfer und drei Schlösser

Wildenbruch (Swobnica)

Es ist schwer zu finden – dieses Schloss Wildenbruch. Die Ruine der einstigen Ordensburg steht nämlich in Polen, im heutigen Swobnica, einem Dorf knapp 20 Kilometer östlich von Schwedt. Man muss schon über eine ordentliche Landkarte verfügen, um zu dem ehemaligen Anwesen der Johanniter zu gelangen. Und dann braucht man noch ein bisschen Glück, um Zutritt auf das weitläufige Gelände zu bekommen.

Seit dem späten 17. Jahrhundert gehörte die Herrschaft Wildenbruch den Markgrafen von Brandenburg-Schwedt. Hinter den Schlossmauern starb 1771 Markgraf Friedrich Wilhelm aus dieser eher unbekannten Seitenlinie der Hohenzollern. Die Herren Pastoren an der unteren Oder werden damals aufgeatmet haben, als der tolle Markgraf – wie man ihn nannte – für immer seine Augen schloss. Zu lange hatte er diese im Allgemeinen hochgeachtete Berufsgruppe regelrecht schikaniert. Gegenüber dem Pfarrer von Wildenbruch soll sich der Fürst ein ausgesprochenes Eulenspiegelstück geleistet haben. So erzählt man jedenfalls. Nach einem erfolgreichen Eisfischen erlaubte er dem Dorfgeistlichen, sich mit Fischen einzudecken. Er forderte den Pfarrer auf, die Flossentiere in ein Netz zu packen, das in einem Eisloch hing. Das ließ sich der Mann nicht zweimal sagen und verstaute dort offenbar gar nicht so wenige Fische. Als er das Netz für ausreichend gefüllt hielt und es aus dem Wasser zog, war es völlig leer. Der Markgraf hatte nämlich ein großes Loch hineingeschnitten und alle Fische waren

Sophie Dorothea Marie und Friedrich Wilhelm von Brandenburg-Schwedt

davon geschwommen. Das Jammern des Pfarrers kommentierte er mit der Bemerkung, er habe sich lediglich von der Berechtigung der alten Volksweisheit »Pfaffensack hat keinen Boden« überzeugen wollen.

War es nun höhere Gerechtigkeit oder nicht, jedenfalls zog sich später der inzwischen 70-jährige Markgraf ausgerechnet beim Fischen eine so schwere Erkältung zu, die zu seinem Tod führte.

Friedrich Wilhelm war der zweite und zugleich auch vorletzte Vertreter dieser Seitenlinie. Als Residenz diente den uckermärkischen Hohenzollern Schwedt an der Oder. Doch schon 1788 fiel die Herrschaft an die Berliner Verwandtschaft zurück. Der männliche Zweig war erloschen. Bis 1945 nutzte die Hohenzollern-Familie das barocke Oder-Schloss Schwedt. Die Ruine wurde in den frühen 1960er-Jahren gesprengt. An gleicher Stelle steht heute ein Theater.

Diese Markgrafschaft Schwedt hat eine recht eigenartige Vorgeschichte. Dem damals noch jungen Kurfürsten Friedrich III. soll regelrecht vor Wut der Schaum vor dem Mund gestanden haben, als er Einzelheiten aus dem Testament seines Vaters erfuhr. Man schrieb das Jahr 1688 und der Große Kurfürst hatte – bewusst oder unbewusst – das Hausgesetz der Hohenzollern gebrochen und Brandenburg geteilt.

Nutznießer war Friedrichs Halbbruder Prinz Philipp Wilhelm. Im Testament war nämlich für den Prinzen, einem Sohn aus zweiter Ehe, das Fürstentum Halberstadt vorgesehen. Friedrich kassierte den letzten Willen seines Vaters ein und verhinderte so die Testamentsvollstreckung. Doch der Halbbruder wehrte sich. Erst im März 1692 einigten sich die Familien. Philipp Wilhelm erhielt die Herrschaft Schwedt-Wildenbruch. Eine Herrschaft – wie es heißt – mit drei Städten, drei Schlössern und 33 Dörfern.

Die Vergabe von Schwedt-Wildenbruch war für den Kurfürsten kein wirkliches Opfer. Streng genommen gehörte dieser Besitz gar nicht ihm. Seine Stiefmutter Sophie Dorothea, eine Prinzessin aus dem Hause Holstein-Sonderburg-Glücksburg und verwitwete Herzogin von Braunschweig-Lüneburg, hatte Schwedt-Vierraden zur Versorgung für ihre leiblichen Kinder erworben. Wildenbruch wurde 1680 dazugekauft.

Sie und ihr Sohn betrieben dann auch in Wildenbruch den Umbau vom Renaissance- zum Barockschloss. 1690 waren die Arbeiten weitgehend abgeschlossen. Als Vorbild dienten offenbar die Schlösser in Köpenick und Oranienburg. Zu den Arbeiten zog sie auch Baumeister aus Berlin heran. Enkel Friedrich Wilhelm, der tolle Markgraf, setzte dann die Ausgestaltung fort. Aus dem Mittelalter retteten sich der wuchtige Turm, das Kellergewölbe und einige Teile des Hauptgebäudes in die Gegenwart.

Noch bis zum Ende des Zweiten Weltkrieges verpachteten die Hohenzollern Gut Wildenbruch mit 900 Hektar Grundbesitz. Heute steht das Gebäude leer. Wenn nicht bald etwas geschieht, ist ein völliger Verfall absehbar.

Zwei historische Randbemerkungen: Bis weit ins 17. Jahrhundert galt Wildenbruch als eine der berüchtigsten Hinrichtungsstätten im Gebiet östlich der unteren Oder. Noch 1689 wurden auf dem Burgplatz Menschen wegen Schwarzer Magie auf dem Scheiterhaufen verbrannt.

Ein zweites Wildenbruch-Geschlecht ist ebenfalls verloschen. Es waren die unehelichen Nachkommen von dem Preußen-Prinz Ludwig Ferdinand. Sie wurden 1810 geadelt und durften sich von Wildenbruch nennen. Der letzte Sprössling, der Schriftsteller und Diplomat Ernst von Wildenbruch, erinnert sich in seinen Büchern nicht nur einmal an die Kindheit in der einstigen Johanniter-Burg.

Keiner der drei regierenden Markgrafen von Schwedt-Wildenbruch hat in unmittelbarer Nachbarschaft seine letzte Ruhestätte gefunden. Friedrich Wilhelm und Wilhelm Heinrich wurden wie die meisten Mitglieder der Familie in der einstigen französisch-reformierten Kirche von Schwedt bestattet, heute bekannt unter dem Namen des Baumeisters als Berlischky-Pavillion. Den hat es allerdings zu Philipp Wilhelms Zeiten noch nicht gegeben. Sein Sarg befindet sich deshalb in der Hohenzollern-Gruft im Berliner Dom. Gemeinsam mit knapp 100 Särgen aus der kurfürstlich-königlich-kaiserlichen Familie.